跑步治愈

张展晖 著

RUNNING CURES ALL

人民东方出版传媒
東方出版社

目 录

CONTENTS

推荐序 学会跑步以后，我爱上了奔跑着的自己 樊登 / 1
跑步是身心健康的基本盘 何帆 / 3
跟展晖跑步，让我重拾对身体的掌控力 王立铭 / 7
自序 跑步，我也是从恐惧到热爱 张展晖 / 10

第一部分 主动出击，生命在于运动

Chapter 01
没有你坚持不了的运动习惯，只有你承受不住的运动强度

01 第一扇门——轻松成为跑者 / 6
02 第二扇门——在跑步时重构内心秩序 / 12
03 第三扇门——成为终身跑者 / 18

第二部分 跑步就能治愈的事

Chapter 02
心肺是我们的命

01 久坐，不容忽视的慢性杀手 / 32
02 心肺功能，性命攸关 / 40

03 跑步是强健心肺最科学的运动 / 47

04 跑步是数据化程度最高的运动 / 53

05 适合忙碌者的心肺增强运动 / 58

Chapter 03
跑步是滋养大脑、改善情绪的工具

01 跑步让大脑更活跃、反应更敏捷 / 64

02 跑步使心情更愉悦，抵抗抑郁、缓解压力 / 69

03 跑步全面改善自我状态 / 72

Chapter 04
跑步，创造最小闭环的最优体验

01 跑步为什么让人感到身心愉悦 / 80

02 如何通过跑步获得“心流” / 82

03 跑步构建长期的内心秩序 / 86

第三部分 你可能对真正的跑步一无所知

Chapter 05
姿势不对，努力白费

01 最常见的错误跑姿——“坐着跑” / 102

02 最适合现代人的正确跑姿——“重力跑” / 110

03 从头到脚所有跑姿相关的知识要领 / 120

Chapter 06
被忽视的跑步心理学

01 清除内心障碍，不害怕 / 132

02 找到你的真实动力，跑起来 / 140

03 学会获得一种习惯，跑下去 / 146

04 胸有成竹，整装待发 / 154

Chapter 07

01 目标分解，小步进军马拉松 / 164

02 谁都学得会的“轻松跑” / 171

03 跑得更快——“间歇跑” / 194

04 跑得更远——“耐力跑” / 212

05 跑得更久——“马拉松跑” / 223

Chapter 08

01 真休息 & 假休息 / 234

02 睡觉也要讲方法 / 237

03 别硬撑，适度定期运动更重要 / 240

04 运动恢复方式与工具 / 247

05 膝盖疼痛的原因 / 251

06 不能跑步的情况 / 257

Chapter 09 跑步，应该怎么吃

01 人体三大“油箱” / 264

02 减肥，从优化饮食结构开始 / 269

03 跑步前后的饮食诀窍 / 281

04 减肥吃法测评 / 285

尾声 跑步是为了实现人生其他目标 / 288

附录 1 张展晖教练五个月详细训练计划 / 289

附录 2 教练养成记，写给致力于成为跑步教练的你们 / 294

致谢

1

推荐序·樊登
学会跑步以后，我爱上了奔跑着的自己

我小时候就怕长跑，所以长大以后更是不会主动跑步。为了不跑步还给自己找很多理由，比如“跑步伤膝盖”“游泳更好吧”“做俯卧撑就够啦”“有的人基因决定不适合跑步”……就这样我一边对自己的身体不满，一边容忍着自己什么也不做。既没有坚持游泳，也没有坚持做俯卧撑。2017 年，我要去戈壁参加徒步活动，主办方要求我去医院体检。我戴上呼吸机，身体上连接了各种导线，开始骑自行车。医生一开始说：“小伙子身体不错”，可没过几分钟医生就说“停停停”。我自己也感到头晕眼花、呼吸急促。医生说：“没想到你这个小伙子身体这么差，血氧含量太低了，戈壁你可不能去！搞不好会猝死！”我在旁边一边喘气喝水一边问医生：“严重吗？是什么问题？”医生说：“一看你就有运动的底子，但至少十几年都没有运动过了！回去赶紧运动吧！”

带着对血氧含量的不安，我开始阅读跑步的书，讲了《运动改造大脑》和《跑步圣经》，但我依然是跑几百米就不行了。这时张展晖教练找到我，说：“我听你讲了跑步的书，但能感觉到你还没开始跑步。我来教你吧！”我将信将疑，主要是对我自己。我觉得这可能是“又一次尝试”而已，因为我对自己能跑步并不抱希望。体重 190 斤，几十年来从未跑步超过 1500 米。张展晖说："我保证你不会痛苦，每次训练都有成就感。半年之内你就可以跑半程马拉松，而且有成绩的要求。不用先减肥，可以边跑边减肥。"就这样我在将信将疑中开始了跑步训练。首先学会正确的跑步姿势，学会用手表监测心率，每跑四分钟就走一分钟，隔一天跑一次。我记得第一次跑步是在天津滨海新区的马路上，第二次在威海刘公岛，第三次在西安南湖公园……那时候的配速是 12 分钟 1 公里！这么说吧，在刘公岛那次跑步最丢脸，很多书友听说我要跑步就来陪我一起跑，结果变成很多人跟着我一起走，而我气喘吁吁地挪着步子。

就是这样，很丢脸地跑着跑着，我竟然没有放弃。哪怕在世界各地旅行，我也会找个地方完成跑步计划。日本皇居，佛罗伦萨河畔，慕尼黑郊外，布达佩斯城堡，伦敦海德公园，爱丁堡中央大街……都留下了我笨拙的跑步身影。半年以后，我参加了南京牛首山的马拉松比赛，半程马拉松，21 千米，两个半小时。最重要的是，我跑完之后腰不酸腿不疼！我知道这是科学跑步训练的结果。

现在我已经爱上了跑步，迎着风留着汗，感觉到自己身体轻盈地向前。这是一种自由！我的血氧含量已经上来了，跑十几千米也不会头晕目眩。有一次，我在秦皇岛跑步，有个从美国留学回来的孩子要和我们一起跑，我说你跑得快不用等我们。结果 5 千米以后这孩子已经歇了，叉着腰说："你们这些中老年人怎么这么能跑呢?！"哈哈，我希望今后能有更多"中老年人"跟我们一起跑步，跟着张展晖教练学习用跑步去重塑自己的身心，感受应有的自由！

推荐序·何帆

跑步是身心健康的基本盘

在爱上跑步之前，我是一个从小到大体育从来没有及格过的运动小白。在遇到张展晖教练之前，跑步对我而言是一件既累又无聊的苦差事。

2019 年，我给自己定了一个长期的研究项目。我要通过自己的实地调查，记录中国每年发生的变化。一年写一本书，一共写 30 年，从 2019 年到 2049 年，见证一个民族的伟大复兴。主意拿定，我屈指一算，等到写完这套书的时候，我已经是 78 岁了。一种危机感不请自来，我得抓紧时间锻炼了，要不然书没写完，人先挂了，那就惨了。于是，我找到了张展晖教练。

展晖问我的第一个问题是，你锻炼的目的是为了什么？我说，我不是为了减肥，也不是为了练腹肌，我唯一的目的是为了让自己精力更充沛，从体力上保证自己能完成 30 年的研究项目。展晖说，那你就跟着我跑步吧。

我看了一下自己在跑步 APP“咕咚”上的记录，在遇到展晖之前，我第一次跑步是 2019 年 2 月 13 日。当时我在三亚，正值春节假期，有一天早上，我突发奇想，穿上跑鞋出去跑步，我一共跑了 3 千米，配速每千米 9 分 42 秒，步频 115 步 / 分钟，虽然是半跑半走，但已经感觉累得要吐血了。跟着展晖训练了一年多，我已经突破了 5 千米、10 千米、半程马拉松，接下来，还计划跟着 EMBA 的学生去参加商学院的戈壁挑战赛，4 天需要走 120 千米。另外，我还有个小心愿：年底之前跑完人生第一个马拉松。

当然，这些成绩不值一提。之所以讲我的故事，是因为展晖的训练方法太神奇了。我从来没有想到，有一天自己居然会对跑步上瘾。当初，朋友们听说我要跑步，没有一个人相信我能坚持下来。

那展晖是如何做的呢？

首先，展晖教我要学会轻松。一开始跑的时候不要看配速，只看心率。不求跑得快，只求跑得轻松。很快我就发现，跑得轻松比跑得快更难学。稍一发力，心率就飙上去了，需要不断地把配速压下去，跑得像小脚老太太一样慢——这让我怎么好意思发微信朋友圈啊！我真正学会控制住心率，是在过了很久以后。通过练习步频，我把步频提高到 180 次 / 分钟之后，这才很好地控制住了心率。不过，按照展晖的方法，我用龟速慢慢跑，居然很快就突破了 5 千米。至今我还记得第一次跑完 5 千米之后的感觉：原来我也可以。我从展晖的训练方法中悟出一个道理：我们的很多教育方法从一开始就是错的，一开始就强调高标准、严要求，要打下一个坚实的基础，而且要求用坚强的意志力支撑自己。这是错的。学习任何东西，最佳的入门方法都是从轻松开始，先有个小的突破。失败不是成功之母，小的成功才是成功的亲娘。别怕一开始跑得慢，我们一定能跑得更远。

其次，展晖教我要学会分离。对很多初学者来说，10 千米、20 千米听起来都是难以企及的，更不用说全程马拉松、超级马拉松了。展晖告诉我，跑半程马拉松和全程马拉松并不是一定会“撞墙”，往往是因为平时的训练量不够，而且跑的时候没有做好规划，才会出现“撞墙”。以半程马拉松为例，半程马拉松一共 21 千米，跑到 16 千米，才算跑完一半。所以，刚开始跑的时候，要有意识地控制节奏，积蓄力量，等到撑过 16 千米，最后 5 千米想怎么跑就怎么跑。跑到 15 千米左右时，确实会感到疲惫，展晖又教我，此时要学会分离疲劳，也就是说，你要注意体会，是肌肉疲劳，还是呼吸急促，还是意志力弱想要投降？其实，你不是全身都累，只是一部分累。学会分离，也就学会了掌控。你再想想，当生活变成一团乱麻，工作毫无头绪的时候，学会分离，是不是也就学会了掌控，提高了效率呢？

还有，展晖教我要学会专注。学会了轻松，学会了分离，你就能跑得更久。长跑的时候，我原本喜欢一边跑步，一边听歌，后来，我索性把存的歌曲都删掉了，只打开节拍器，感受一起一落的节奏，专心跑步。一边跑，一边看看风景，吹吹风，很快就会进入心流状态。我平时出差多，后来养成了一个习惯，出差去一个城市之前，我会先查看当地的跑步路线。昆明、成都、南阳、合肥、宿迁、杭州、布鲁塞尔、米兰、巴厘岛……算来我已经跑了几十个城市了。用脚丈量去过的城市，那又是一种令人难忘的体验。

最后，我还跟展晖讲起自己的体会。要说运动对我最大的帮助是什么，我觉得，是让我学会了更好地管理时间。以前，我不想锻炼的时候，总是以工作太忙为借口，喜欢上跑步之后，才发现时间都是能挤出来的。跑前预热，加上跑步，还有跑后拉伸，一次长跑可能就需要花一两个小时的时间。这也是一件让我很吃惊的事情：我怎么还能有这么多时间呢？其实，这一动起来，就把所有要做的事情的效率都提高了。爱上运动，就能提高你的行动力。

不得不说，展晖把我带进了一个全新的世界。一旦你爱上跑步，就会发现原来身边还有这么多跑友。很多大神级的跑友听说我也在跑步，自告奋勇要陪我跑。这个圈子非常独特，我从未见过大咖鄙视小白，也没有见过小白嫉妒大咖，相反，所有的跑步爱好者都非常友爱，互相鼓励，互相切磋。我见过一心要提高自己跑步能力的，也有跑完全程马拉松跑超级马拉松、跑完超级马拉松跑七天七大洲七场马拉松的，有跑完 100 场马拉松的，还有去跑步只为了结伴去玩儿的，无论你是带着什么目的来跑步，在这里都能混得如鱼得水。说到底，跑步不是一种对抗性的竞技，而是永无止境的自我超越。

欢迎你和我一样，跟随展晖，进入奇妙的跑步世界。

推荐序・王立铭

跟展晖跑步，让我重拾对身体的掌控力

你好，很高兴你打开张展晖老师的这本新书《跑步治愈》。不知道是什么样的机缘巧合让你与这本书相遇，也许你早就想要开始轻盈地奔跑，但是不知道如何开始，也许你很羡慕在路边那些轻松飞跑而过的健身达人，也许你心里一直藏着一个想要打卡半程马拉松、全程马拉松的梦想，也许你单纯地只是焦虑自己的赘肉和健康指标，无论你跑步的目标如何，我向你保证，这本书会帮到你。

首先，请允许我做一个简单的自我介绍，我是一位大学教授、生物学家，自己也经常写书。但是在这儿我和你一样，都是展晖老师的学生，跑步路上的小白。当我 2019 年站在展晖老师面前的时候，我的身份是这样的：一个心理上一直希望自己能在路上轻盈奔跑、一直想要开始健身，但是身体却总是情愿窝在沙发上、坐在办公桌边、稍微动动就浑身冒虚汗的——“跑渣”。我猜，你可能也是?

但是从去年到今年，在展晖老师的远程指导下，我迅速从一个每次跑 500 米就得停下来喘口气、速度超过每千米 12 分钟心率就开始狂飙的“跑渣”，一路打怪升级到现在每周可以轻松跑 10 千米，速度差不多提升了一倍，并且已经开始计划要什么时候开始我的第一次半程马拉松了。

在这个过程里，进步的不仅仅是跑步的成绩，从体重管理到睡眠质量，从情绪状态到静息心率，还有免疫机能，我能亲身体察到身心状态的飞速提升。到了现在，每次穿上跑鞋出门，沿着家门口的运河启动步伐，和路上的跑者你追我赶，一个钟头后带着一身臭汗回家冲凉，已经成了我生活中愉悦感和成就感的重要来源之一。

而且对我们这种“跑渣”来说，特别特别关键的是，这个升级打怪的过程，居然一点儿也不痛苦！展晖老师的阶段性运动方案对于入门者来说非常友好，而且几乎总是在我感觉小有收获之后才缓慢提升目标，从来不会用一个宏伟目标一下子把小白吓跑。从 500 米到 10 千米，从每千米 12 分钟到每千米 5—6 分钟，变化就是这样慢慢地、必然地发生了。直到有一天展晖老师说：“你可以开始准备半程马拉松了！”我好像才突然意识到自己已经取得了这么大的进步。

收获了那么多，我才敢带着点儿得意又敬畏的心情，在这里推荐展晖老师的新书《跑步治愈》，给所有期待飞跑、期待健康、期待治愈的你们。在过去这一年里展晖老师给我提过的所有建议，从如何制订入门升级方案，到如何控制心率、调节饮食、训练呼吸、纠正跑步姿势，等等，你都能在这本书里找到。你完全可以把它当成是小白跑步入门的贴身教练，让它陪着你启动步伐。相信我，我这么一个从小到大在体育课上跑步几乎就没有及格过的人能做到的，你一定也能做到，而且会做得更好。

最后说几句我本行的话吧。

你肯定知道，已经有大量的科学研究证明过，运动对人体会有各种各样的好处。但是抛开那些技术细节不谈，我觉得这里面有一个特别核心的问题是，现代人面临的各种各样的健康问题，很大程度上其实是历经亿万年进化而来的人体，和最近两三百年快速发展的现代生活方式之间的冲突导致的。进化让我们选择多吃少动，进化让我们习惯于用本能和情绪控制行为，而这些本能在现代生活中会让我们发胖、消沉、沮丧，患上各种各样的现代病、富贵病。而治愈这一切的秘诀之一，也许就是从进化历史中学习经验。要知道，我们人类曾经可是特别善于长跑的动物之一，这种能力与生俱来，而且让我们在非洲草原上鹤立鸡群。

所以我想，重新跑起来，真的能够治愈你。

自序·张展晖

跑步，我也是从恐惧到热爱

我曾经是一名专业的篮球运动员，生在运动世家，我的父亲是中国男篮队员，我的母亲是吉林省女篮队员。在一名职业运动员的系统训练中，跑步是一项必不可少的项目。5 千米、10 千米一顿狂奔，目标是为了上了篮球场以后能跑得更快，然而当时非常沮丧，我跑得越多，却离目标越远，完全没有上场如飞。即使我做了大量体能训练，依然无法实现上场健步如飞的目标。每次跑步训练前，我都要做很长时间的心理建设，训练时感觉非常痛苦。更惨的是，加量训练让我的脚底出现了明显的疼痛，患上了足底筋膜炎。在这种痛感的反复折磨下，我根本没法跑下去。

痛苦促使我开始查阅与跑步相关的资料，参加来自国内外的跑步相关课程，通过相关学习我才知道原来足底筋膜炎是因为错误的跑姿引起的，跑步时跨出的步子过大，让足底承受过大的压力，导致肌肉长期过度紧张，疼痛加剧。找到了患足底筋膜炎的原因，我立刻调整跑姿，调整了一段时间之后就再也没有这种疼痛感了。这是我第一次真正意义上对跑步开始感兴趣，没有痛感后，越跑越快乐。跑步这个简单的小事，姿势真的至关重要，但我和我身边的大部分专业运动员都忽略了它。

后来我离开了篮球队，做了一名专业的健身教练，著名的天使投资人徐小平老师以及著名企业家潘石屹都曾是我的学员，给他们做教练的同时，我也从他们身上学到了很多东西。在他们的推荐下，我先后又成为很多著名企业家、投资人、明星等社会精英的教练。因为他们都太忙了，而且身体状态并不是非常好，我的训练计划就要做更长远的规划，但又不能让他们练不下去。我不断地思考和学习应该如何做，如何更高效率、更优体验地解决他们的问题。于是，我开始在众多运动项目中，不断地寻找最适合的项目，我选择了最容易掌握，也最能够最快体验到乐趣的运动，一项可长期持续的运动——跑步。

“跑步治愈”这个书名，是著名产品人梁宁老师提出来的，2019 年，她和本书策划人吴燕恬组成一个小跑团，跟着我进行了系统的 7 个月的跑步训练，梁老师长期久坐，也基本不运动，我们从适应性运动开始，然后调整跑步姿势，再进入到 5 个月循序渐进的跑步训练中。之后，我们先后参加了日本北海道马拉松、台北马拉松。整个过程中，梁老师给了我大量产品思路的指导和反馈，帮助我完善每一步训练闭环，在她的深度参与下，我们找到了跑步的意义，那就是：跑步可以治愈一个人大大小小的身体上或者心理上的各种难以描述的问题。

在我的上一本书《掌控》里提到过，心脏是身体的发动机，心肺功能对人体健康的影响是最大的。如果没有对心肺功能进行刻意训练，心肺功能得不到提升。好的心肺功能，会带来更好的脑力和体力，同时也能有效降低心梗、脑梗等心源性猝死的风险。跑步不仅能有效治愈正在衰老的心肺，也能显著改善体质，让我们的身体成为易瘦且益寿的体质。

米哈里 · 契克森米哈赖的《心流》这本书中提到了最优心理体验。跑步就能很容易让你找到心流的感觉，在奔跑中可以体会身体血液流动，伴随着耳边的风声与身体对话，尤其当你选择在户外奔跑的时候，朝露、晚霞、微风，还有不断超过的树木和行人，你能真实地感受到这个生机盎然的世界。当你再次投入到生活和工作中，你会发现自己像充满了电一样。在奔跑中既可以倾听自己，又可以聆听世界，让自己的能量场与万物互联。这就是一个治愈自己的过程。不少人喜欢拳击、搏击这样的运动，但这里面多少带有一点儿发泄和消耗的意味，而跑步能让你找到幸福的感觉，这也是我们持续奔跑的动力。

读完本书之后，你再也不用气喘吁吁、汗流浃背地折磨自己了，不用每天逼迫自己去坚持跑步，也不用担心自己跑完浑身酸痛，本书尤其会刷新你的一个认知，跑步不会让你的膝盖和其他关节受伤。别忘了，我也曾不爱跑步，恐惧跑步，如今这一切都改变了。我特别想告诉那时候焦虑紧张的自己：别那么累，放松一点儿。就像间歇跑中的 200 米测试一样，不是你越努力就越有效果，比起盲目努力，更应该学会放松那些紧张的肌肉，掌控自己的肌肉让它们去轻松地工作。在跑步过程中，越放松，越省力，越治愈。

没错，跑步就应该是轻松的、幸福的！相信我，在你身上，会发生跟我一样的蜕变，而在这之前，也已经有成千上万的人跟着我一起体验了蜕变的美妙。

现在，我邀请你，去遇见一个更好的自己。此时此刻，就是你改变的最佳时机。

第一部分

主动出击，生命在于运动

Chapter
01

没有你坚持不了的运动习惯，只有你承受不住的运动强度

跑步对大多数人来说是痛苦的，究其原因，大多是因为没有在学校接受过科学的训练。我写这本书的初衷，就是想和你一起把跑步从自虐运动变成治愈运动，帮你成为轻松跑步的高手，而这个过程需要的时间只有短短几个月，我的学员都一一体验。

在开头，我就急迫地想要把在未来几十年的跑步生涯里你将打开的新世界，预告给你。随着你跑步生涯的拉长，未来的几十年，这些大门将需要由你亲自一一打开：

从一开始冲破不科学训练的桎梏，发现跑起来真的可以很轻松；到跑下去，获得小金币——身体修复，内心秩序重构；到与跑步一日不可分离，并试图借力于它，寻求新的人生曲线。

这期间，你将在不同的人生阶段间切换，身体状态在变、想要的东西在变、目标在变、心境在变。而拥有跑步这个习惯，就是让你在对生活有一丝确定性的陪伴的同时，保证一切的变化，都在向好的方向发展。

本章将以以下顺序展开——

01 第一扇门

轻松成为跑者

没有你坚持不了的运动习惯，只有你承受不了的运动强度

02 第二扇门

在跑步时重构内心秩序

从修复身体到重塑内心

03 第三扇门

成为终身跑者

用脚步丈量世界

01 第一扇门——轻松成为跑者

跑步完全可以是一种轻松到让人“上瘾”、能帮你恢复精力、战胜负面情绪的治愈运动。

提到跑步，很多人可能会想起村上春树那本《当我谈跑步时我谈些什么》。作为一名职业作家，村上常年都要在家伏案写作，他借助跑步让自己保持充沛的精力和旺盛的创作力。从 1982 年的秋天到现在，他几乎天天都要跑上 10 千米，而这个习惯已经持续了将近 30 年。今年年初新型冠状病毒来袭，很多人也体验了一把村上这样“在家工作”的状态，在家工作的好处是省下了通勤路上的时间，但也留下了很多后遗症——变胖了，变懒了，精神不好了，这时候我们再看村上多年如一日的跑步运动习惯，是不是就能理解他在自我管理上的智慧了？

然而，在很多人的印象中，跑步就是气喘吁吁、咬牙切齿、汗流浃背的自虐行为。而我作为一位有着 10 年经验的资深跑步教练，想要告诉你，跑步完全可以是一种轻松到让人“上瘾”、能帮你恢复精力、战胜负面情绪的治愈运动。

我写这本书的目的，就是想和你一起把跑步从自虐运动变成治愈运动，帮你成为轻松跑步的高手，而这个过程需要的时间只有短短几个月。樊登老师就曾亲身体验过这样深刻的蜕变：

我第一次见樊登老师是在一个书院里，我找他请教写书的问题，聊着聊着就聊到身体上。樊登老师坦言自己的身体状态没以前好，前一阵爬山时气喘吁吁、力不从心的感觉特别明显。他平常工作强度很大，要是按照这个趋势发展，以后患上心血管疾病的风险会很高。于是我提议给樊登老师制订个锻炼计划，帮他改善一下身体状态。他说“那你可得轻点儿，太累可练不动”。樊登老师之前也请过特别贵、特别有名气的教练，但练了几次发现痛不欲生，练完后特别疲惫，每次都感觉状态更差了，根本没法坚持。我说：“别担心，咱们轻轻松松就能让你身体越来越好。”樊登老师一听反而不信，说他现在跑500米都费劲，怎么可能轻松呢？我告诉他跑步真的有秘诀，绝对和他想的不一样。于是我们就约了时间开始练。

我真的有秘诀吗？

当然，而且这个秘诀很简单，那就是科学化训练。

好多人跟樊登老师一样都有个误解，以为运动就是越累越好，跟着特别贵的教练训练，练完痛不欲生，却安慰自己感到痛苦才是练出了效果。但他没想过，大剂量的痛苦让自己根本坚持不下去，几次就放弃了，何来效果？太多人想锻炼，却被自己的“三分钟热度”弄到垂头丧气，心里想的是“我不是吃不了苦，而是吃不了那么多苦”。

所以，科学化训练的第一步，就是设置合理强度。想锻炼心肺功能，只要让心率持续处于一个高于日常的区间就行，是跑还是走并不重要。

我在为樊登老师制订训练计划时，完全根据他当时的状态，从走跑开始，慢跑4分钟，然后走1分钟。这么低强度练完一次，樊登老师发现确实很轻松，身体也出汗了，心率表显示心率一直处于合理的区间，感觉非常舒服，这是他之前运动时从未有过的体验。不到5个月的时间，樊登老师就从一开始500米都跑不下来变成能轻松跑完7千米，而且速度比原来提升了几乎一倍，最重要的是，每次训练完他还能保持微笑。

没有你坚持不了的运动习惯，只有你承受不住的运动强度。你看，一点理念的变化，是不是整个结果就不一样了？而且这一点变化可能会撬动你的整个人生。

2018年，我带樊登老师在清华大学的操场跑步，跑完发现体育场旁边有尊铜像，我特别好奇谁的铜像会放到体育场旁边，樊登老师告诉我他叫马约翰，是清华大学最负盛名的体育人物。马约翰在清华大学先后担任过助教、教授，曾经是体育部主任，1958年的时候，马约翰已经76岁了，仍然和清华土木系的麦淑良教授合作，赢得了北京市网球双打冠军，被评为国家一级运动员，一时引起轰动。这还不算完，年近80岁的马约翰依然能白天工作8小时、晚上工作两小时，姿势标准的俯卧撑能一口气做40个。当时的清华大学校长蒋南翔曾经在全校会议上说："你们看，马老今年已经76岁了，还是红光满面。我们每个同学都要争取毕业后工作50年。"后来这句话变成了清华大学毕业生心目中真正的校训：为祖国健康工作50年。

在2020年暴发的新型冠状病毒的疫情中，84岁高龄依然日夜奋斗在一线的钟南山院士也曾说过："长期的适量的运动对我的身体健康起到了关键作用。寿命长短，大多不取决于衰老和疾病，而是正确的生活方式。现在很多年轻人，正是因为没有养成正确的生活方式，身体才会出现各种疾病，器官才会衰老得更快。"

我的学员里，有一个"90后"因为久坐而肩颈麻木，甚至出现了头晕恶心的症状，开始轻松跑之后，这些症状都慢慢消失了，而且早上跑完一小时，就能精神一整天；还有刚生完孩子的宝妈，在带娃和工作之间苦苦挣扎，是跑步让她发现原来做妈妈之后，也能保持高效的生活状态；还有一些进入更年期的女性，为家庭奉献了半辈子，身体却攒了好多毛病，是跑步让她们重新发现了生活的乐趣和价值感。每个人都在悄悄被跑步这项运动改变着。

在教演员张静初老师跑步的时候，我很好奇她的状态和身材已经很好了，为什么还要很认真地安排各种运动训练。她告诉我：“我是个好奇心和求知欲都很强的人，很享受不断学习的过程，我是通过运动来探索新世界的，运动完之后整个人都很振奋。跑步可以让我们重新塑造自己，塑造美丽的肌肉线条，也塑造安定自在的内心。”

跑步就是这样一种长期的投资，每次跑步都是在为你未来的健康和美丽做储蓄。

这和我们投资理财完全一样，每次的金额并没有那么重要，关键是别放弃。时间上的固定投入，将带来无限回报。长期行为的精妙之处在于“复利”，是在时间长河中拉一条隐线，按时进行稳定的投入，获益慢慢增加，累积在一起，那将是无限的回报。越早积攒，越早收获。

我们如果能把轻松跑步持续 30 年，人生一定会大不一样。

知名经济学家何帆老师早早意识到了这一点，2019 年，他给自己定了一个 30 年长期的研究项目——一年写一本书，用 30 本书记录未来 30 年中国每年发生的变化。开启这个项目后他想：这要干 30 年，没有好身体怎么吃得消？于是找到我帮他制订计划、开始跑步，短短几个月时间，他从几乎不运动、跑 3 分钟就气喘吁吁，到一次能轻松跑下 5 千米、10 千米，再到完成半程马拉松，身体状态获得了极大改善。现在是何帆老师 30 年计划的第三年，也是他开始跑步的第二年。除了身体状态的改变之外，他还有一个很厉害的洞察：运动起来，就能带动你把所有要做的事情的效率都提高了。**运动，其实就是行动。**

02 第二扇门——在跑步时重构内心秩序

跑步能让人上瘾，跑步时神清气爽，热血沸腾，长期跑步可以提升我们对自己、对身体和对生活整体的掌控感，在身心整合之后重建生活的秩序。

提起跑步，就很难不提健康，很多人以为健康就是不用去医院，但频发的心理问题和人与人之间的隔膜感与距离感让我们不得不重新审视“健康”这两个字的定义。世界卫生组织所定义的健康的内涵包含三个层次：

- **躯体健康，**即躯体的结构完好和功能正常；
- **心理健康，**即人的心理处于完好状态，包括能正确认识自我、正确认识环境并及时适应环境；
- **良好的社会适应能力**，包含着每个人能在社会系统中发挥能

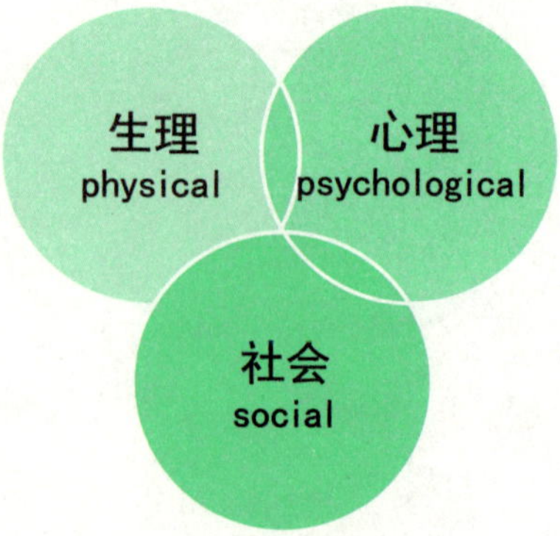

WHO 对健康的定义

力、健康个体有效扮演与身份适应的角色、每个人的行为和社会规范相一致。

关于健康，我的朋友——1993 年出生的肖遥是这样说的：健康的生活方式能让我们持续地从内到外地进行调理，而维持这样的生活方式要靠运动，其他手段都只能短暂应付问题，“肉体”决定我们以怎样的姿态存活在这个世界上，因此，它的健康太重要了。很多人以为运动需要花很多钱，其实运动的成本很低，并不是花钱去健身房才能运动，它可以随时随地开始。从投入产出比来看，这绝对是一项非常值得在当下选择的投资。跑医院看病和做按摩的钱加起来甚至比花在健身房的钱还多，却不能解决根上的问题。“运动与健康”是每个人生活中很重要的一部分，我们投入金钱和时间在这件事上，它和事业、感情一起构建了每个人坚实的精神和物质生活。

一开始，我们跑步的目的是唤醒久坐的身体，让疾病远离；后来，我们慢慢离不开跑步，这项运动成为我们的充电器，一天不跑，一天就不会有精神；再后来，我们会为了跑步而离开所在的城市去各地游历，世界就在那里，我们用脚去丈量和超越。从活着，到活得好，到活得精彩，处在每一个阶段的我们，都有每个阶段的智慧。

跑步能让人上瘾，跑步时神清气爽，热血沸腾，长期跑步，提升我们对自己、对身体和对生活整体的掌控感，在身心整合之后重建生活的秩序。

通过跑步，你会慢慢回归自然，回归到人本初元气最饱满的状态。你有活力供给自己的需求，引导自己、掌控生活，彻底告别心有余而力不足；活力充沛，让你相信自己能拥有一种通向幸福的能力，你能重构自己内心的秩序，让自己不焦虑、不烦恼，专注眼前真正重要的事情，获得持续幸福的体验。

“易到”的创始人周航老师从第二次创业开始体重增长至爆表，他一开始给自己的借口是“创业没有办法，所以体重不可控”。但同时还是能强烈感觉到整个人的状态不好。每天工作都是超负荷的，到家就已经瘫掉了，更没有精力去运动；总是缺觉，第二天挣扎着起不来，不停地迟到。

最开始，他还在家里弄了一个专门的健身房，配备了跑步机、划船机，器材一应俱全……摆出一副煞费苦心要好好锻炼一番的架势，雄心满满，但结果却不尽如人意。没跑两天，就开始懈怠、陷入一种嘴上说期待改变，但身体和心理都开始放弃的困境。

后来他找到了我，希望我能为他制订一套科学的可持续的训练方案。第一次见面，我就给他定好了这半年锻炼的目标——半年之后跑一次半程马拉松。他完全不相信：“我的痛风性关节炎已经十几年了，怎么可能跑这么长时间呢？再说没事干吗要跑马拉松呢？”但我告诉他：“跑马拉松不是目的，我是想让你拥有一个可以跑马拉松的身体和灵魂。”

在这个过程中，他首先拥有了一个特别坚定的信念——改变自己，把被工作和生活困住的自己救出来；然后，要把这个坚定的信念转化为一个可量化的宏大目标，即通过半年的训练可以跑全程马拉松，要不然就只是空谈，毫无效果；最后，将宏大目标分解为阶段性目标，每一个阶段的计划都制订得非常严密，严密到每一次多长时间、多少千米、什么配速、什么坡度、心率控制在什么区间，同时明确重点，比如耐力训练，就以跑得久为目标，而不是追求速度。

奇迹就这样发生了：他从开始只能跑 10 分钟、20 分钟到后来能跑 40 分钟，直到现在，他可以不停歇地轻松跑上一个多小时，也从运动这件事情中重拾了自信。人一旦有了信心，有了力量感，就会有积极向上的态度，现在，周航已经变成一个经验丰富的跑者，隔天就要跑一次。

回想过去的自己，周航是这么说的——对自我放弃就是从对身体的自我放弃开始。它就像一个无法除掉的毒瘤，让人不仅放弃了身体，还产生了一种无力与世界抗争的感觉，甚至在其他地方也开始放弃，自我的防线就这样一点点被冲破，甚至溃败到不堪一击。

调整内心的状态，是从改变身体开始的。如果你还是原来的那个你，根本不会有一个不一样的未来，你的人生不过是在不同的时空下，按照既有的模式循环而已。

想象一下，为了给疲惫的自己补充能量，你是否求助过大量的中医调理？是否求助过各种保养品？是否花了大量时间休养？可是忙碌和焦虑的工作和生活，很轻易地就可将你刚刚花大价钱储备起来的能量耗尽，辛苦建立的平衡很容易被再次打破，并且周而复始。可见一切外在的能量补充依赖皆不牢靠，只有将运动融入忙碌而焦虑的生活，每天在跑步中来一场和自己及自己身体的沟通，才能建立牢固的能量补充方式，能量才会在你每天的运动中源源不断地流进你的身体。

我也看到很多女性在工作和育儿中所承担的巨大压力，我的朋友和学员里就有很多人既要承担公司的管理重任，同时还要想方设法维持工作和育儿之间的一点平衡，她们常常一边冲锋陷阵，一边手忙脚乱地匍匐向前，有很多诉求想要实现，比如产后如何早点儿恢复身材，比如怎样能让精力水平始终维持在高点。

“得到”CEO 脱不花老师是广大女性朋友心目中真正的人生榜样，乘风破浪的姐姐，同时也是两个孩子的妈妈，而她人生最沮丧的瞬间就是生完孩子后第一次称体重——她足足胖了 50 斤。那时候虽然没有什么病痛，但因为体重超标太多，她的工作和生活都受到了严重的影响：完全跟不上团队节奏；即便工作时间比别人少很多，回家后依然累得半死，连跟孩子玩一会儿都做不到。

不久之后，她找到了我，说特别想把体重先减下来，让我帮她制订一套简单的运动计划。我为她选择的运动是看起来收效最慢的跑步，结果3个月之后，她成功减重50斤，扔掉整个衣橱里肥大的衣服，精力重新恢复到巅峰状态，成了24小时逼问同事进度的“女魔头”。用她自己的话说：“这精力提高的，心里跟有个钻天猴儿似的！”

让心里多个“钻天猴儿”并不需要什么特殊的秘诀，掌握了正确的运动知识之后，心肺能力、精力状态就能得到全方位的提升。我们能通过运动实现的，是元气满满地应对生活和工作中的各种挑战。人生有无限可能，尽兴的人生需要身体和心理的扎实准备。

03 第三扇门——成为终身跑者

用脚步丈量世界，跑步，不仅是一种运动，更是一种生活方式。

除了对身体健康和内心秩序有帮助，跑步本身也是一件非常时尚的事情，如果你跑完一次马拉松，把奖牌和成绩晒到微信朋友圈里，不出意外一定有上百个赞，多年不联系的老朋友也会带着惊讶和佩服来恭喜你。

当站在马拉松赛场上，你会看到很多跑步高手，他们跑起来的时候步伐非常轻盈，就像非洲的羚羊，每一步都让你感受到旺盛的生命力。当你有了非洲羚羊一样的生命力，你也就拥有了解决带给你麻烦、烦恼、苦闷的事情的能力了。用运动带给你的清晰的头脑、充沛的精力和毅力，你去一件一件解决之前使你陷入困境的问题，那些曾经的伤害也会自愈了。

这就是为什么我们说跑步不仅是一种运动，更是一种生活方式。

2019 年 11 月，西湖大学校长施一公，在一次广州马拉松赛前训练中，趁着雨歇的间隙，跑了 48 分钟、10 千米，在他看来，跑步的目的“不是为了跑步，而是享受跑步的过程，能拿回一块完赛奖牌也是很自豪的事情”。初三那年在校运会上意外报名的 1500 米赛跑中只跑到倒数第一，后来经过训练能跑出 800 米 2 分 20 秒以内的好成绩；从新生运动会 3000 米竞走的第一名，到国家二级运动员的取得，一时兴起的跑步渐渐成了伴随施一公一生的生活方式。跑步是他最大的业余爱好，跑鞋是他从不离身的“标配”。只要 PM2.5 低于 100，他总会情不自禁地在校内跑上几千米。而跑马拉松，更是施一公丈量世界的一种方式，从北京的清华园到大洋彼岸的约翰·霍普金斯、普林斯顿，他用奔跑的脚步和卓越的头脑，度量着世界，也超越着自己。

有没有想过你也会像他一样，成为终身跑者中的一员呢？

有没有想过你也可以畅快奔跑，在终点前加速冲刺，享受撞线的激动？这一定会成为我们生活中最激动、最精彩、最值得铭记的时刻。

一次，我的编辑吴燕恬在开会时告诉我：活得好非常容易，但我们的追求是活得精彩。怎么才算精彩呢？一定不是每天两点一线往返于家和公司，每天被家常琐事耗尽。

我们应该有专属于自己的时间和挑战，跑步，用脚去丈量世界，就是最好的方式之一。

今天迈开脚步出发，你很快就能完成 3 千米、5 千米，拥有了探索所在城市的能力；起步阶段，每周 10 千米，就为保持身体健康和精力充沛打下了基础。当你能跑半程马拉松、全程马拉松，不仅能获得全新的体验，更重要的是可以探索不同的城市，见识到各种各样的人生。拿北京马拉松举例，跑者从天安门出发，前有交警开道，后有救护车提供保障，身边是来自世界各地的跑步爱好者与你同场竞技，当最终跑到国家体育场（鸟巢）时，你对北京的感受一定会焕然一新。

你可以用脚步丈量北京、上海、东京、波士顿……甚至到沙漠去跑，到北极去跑。世界再大，大不过你的脚步。当你有了用脚步丈量世界的体力和心境，那些让你备感压力或暗自伤神落泪的事情带给你的挫败和沮丧也许就会随风飘散，消失在森林、街角、风土、人情、美食、美景中，或许你在丈量世界中看到了美好，也或许在丈量世界中看到和你一样的众生之苦，获得了共情，苦变得也不再苦，棘手也变得不再棘手了。

从今天开始，我们的人生也可以多一种追求，去释放你的天性，去跑步，去体验，去征服。

跑步给我们带来的长期健康、长期幸福、长期追求，恰好对应世界卫生组织提出的健康定义——躯体健康、心理健康和社会适应这三个层次。

科学合理的跑步运动，首先带来的是体质的提升，而充沛的体力和精力将会让你告别生活中“力不从心”的状况，摆脱负面情绪，充满能量。当充满精力、快乐的你出现在朋友身边时，迎接你的是羡慕、赞赏的目光和全新的社交体验，最终形成运动——健康——幸福的良性循环。我岳母就是这样一个被跑步改变的人：

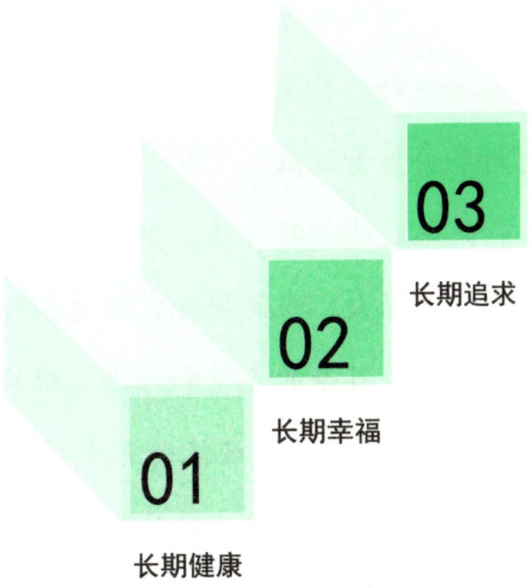

跑步的长期主义

2018 年年底，我们全家开着电动汽车自驾了两个月，从北京出发，经过沿海各个城市到深圳。元旦那天，我们到了深圳大梅沙的民宿。晚上吃饭的时候，全家每个人要分享自己 2018 年的最大收获。原以为大家会说这一个月自驾的见闻，游历了不同城市，体验了不同的环境和结交了新朋友。但岳母说，这一年让她最有收获的是自己通过几个月的系统训练在北京完成的半程马拉松。

那天分享的时候她特别激动，也特别高兴，眼中的神采仿佛把我们带到了她刚冲过终点的那一刻。她说因为之前更年期和没有系统运动，每天总觉得没有力气，大把的时间躺着，什么事都没有心力去做，对未来也没什么期望。可经过这半年的训练，不但身体状态越来越好，甚至完成了从来不敢想的半程马拉松。她觉得未来还有好多事等着她做。

她说这些话的时候，整个人都在发光。那一年这个半程马拉松对她改变很大，当她把跑完的自拍和成绩发到微信朋友圈，不一会儿就有了上百条的点赞和评论。她的朋友们非常震惊，之前以为她身体很差，现在竟然还能跑完半程马拉松。还有好多人要和她学习，她那天特别开心。跑完之后我岳母去按摩店做按摩时，按摩师也夸她好厉害，这是属于她自己的高光时刻。

重新回到一开始世卫组织对健康的全新定义，你会发现我岳母正是通过跑步收获了完整的健康：

- **躯体健康：**岳母从原来出去走走都觉得累转变为能跑完 21 千米的半程马拉松，体质大幅提升；精力水平提高了很多，从每天觉得没力气、想躺着到现在的活力充沛，这些都是肉眼可见的变化；
- **心理健康：**岳母原来已经对未来没什么期待了，每天躺着无所事事，没什么价值感；几个月的跑步之后，她仿佛变了一个人，整个人都更加开朗阳光；
- **社会适应：**跑完半程马拉松后，她在微信朋友圈分享了自己完赛的喜悦，一下子收获了无数点赞和评论，大家都在夸她、羡慕她，这些外在反馈让她相信自己很优秀。

无论是周航，还是我岳母，他们都通过跑步摆脱了不健康的生活方式，获得了全新的生活体验。这是他们外在的变化，而让他们获得这些变化的根本在于心肺能力的提升。因此，在课上我常常说:“心肺就是我们的命。”以此来向学员们强调心肺功能之于健康的重要性。然而，现在很多不健康的工作和生活方式都在不知不觉危害着我们的心肺功能，其中最常见同时危害最大的就是久坐。所以下一章，我们就来聊一聊跑步如何让我们摆脱不健康的生活方式以及如何提升心肺功能。

第二部分

跑步就能治愈的事

跑步能收获身体健康和心理健康，治愈疲惫、焦虑和恐惧，获得心流体验和幸福！

01

● **提升心肺功能，跑步能有效提升心肺功能。**美国运动医学会指出，衡量现代人身体健康的五项要素分别是：肌肉力量、肌肉耐力、身体成分、柔韧性、心肺功能。在我们过去的认知中，肌肉力量、肌肉耐力、柔韧性都是我们一个人看起来是否年轻有活力的关键。但在最专业的教练和医生眼中，心肺功能才是最应该首要关注的。

02

● **跑步滋养大脑改善情绪。**跑步是一项认知活动，可以激发 BDNF 的释放，供能大脑。2014 年爱尔兰都柏林大学的科学家做过一个实验，发现人在高强度运动之后，哪怕时间很短，也能增加大脑里的脑源性神经营养因子浓度，而且人在认知测试里的表现也会更好。难怪很多教育专家都强调孩子要多做运动了。

03

- **获得心流体验。**所谓“心流”，就是当你特别专注地做一件目标明确而又有挑战的事情，而你的能力恰好能接住这个挑战时，你可能会进入的一种状态。它的特征是你做这件事的时候会忘记自己，忘记时间的流逝，你能体察到所有相关的信息，不管工作多复杂你都毫不费力，而且有强烈的愉悦感。

Chapter
02

心肺是我们的命

你的身体真的健康吗？可能真的只是错觉。从“活着”到“活得好”到“活得幸福”，悲观地说，现代人卡在“活着”上。久坐、熬夜，会要我们的命。

确切地说，是要了我们心肺的命。

我的很多学员，就是因为身体出了状况，从而开始了跑步生涯。令人惊喜的是，被跑步带动着，他们其他的不健康生活方式也随之发生了 180° 的大转变。

这部分我将带你重新认识身体健康，重新认识心肺，心肺的重要性怎么强调也不为过；教你如何衡量自己的心肺功能；带你衡量练习心肺应该选择的运动。

本章将以以下顺序展开——

01 久坐，不容忽视的慢性杀手

02 心肺功能，性命攸关

03 跑步是强健心肺最科学的运动

04 跑步是数据化程度最高的运动

05 适合忙碌者的心肺增强运动

01 久坐，不容忽视的慢性杀手

我们的身体并不适应长期静止的状态，不管是久坐还是久站，都对我们的身体健康非常不利。久坐对健康的危害是全方位的。

在生活中，人们最常见的姿态是什么？坐着。工作要坐班，下班要休息。但久坐对健康的危害可是全方位的。你可能会问，坐着不是休息吗？怎么还伤人？其实，我们的身体并不适应长期静止的状态，不管是久坐还是久站，都对我们的身体健康非常不利。

在久坐的危害中，对心肺功能的危害是首当其冲的。在影响心肺功能的因素中，久坐是对我们影响最大的，甚至可以说，久坐是伤害心肌的最强隐性杀手。

1.1 久坐伤害心肺功能

心肺功能对我们来说有多重要？可以用四个字来形容：性命攸关。

我们的心脏和遍布全身的血管组成了心血管系统。心脏通过持续不间断的跳动，把富含氧气的血液不断输送到人体各个部位，并且将各个部位产生的废物和有害物质带到相应的排泄器官以排出体外，从而维持起人体的各项机能。在这个过程当中，核心角色就是心肌。它虽然隐匿，却牵一发动全身。可以说，它之于人体的作用就有如发动机之于汽车的作用。

有的朋友在跑步时，稍一加速或跑得时间长一点儿就会气喘吁吁，脸色难看，跑完之后很久都无法恢复正常的身体状态，就是因为心肺功能无法满足运动要求。我们总说“坐久了，跑不动”，也是因为久坐对心肺功能造成伤害，导致心肌无法将富含氧气的血液输送给躯体，于是越跑越难受。

久坐对心肌的伤害还会导致心脑血管疾病高发。我们以往都觉得心脑血管疾病明明是老年人才会遇到的问题，实际上现代人久坐的生活方式极大程度地违背了人类的天性，导致心脑血管疾病发病年龄比原来提前很多。究其原因，是久坐导致肌肉燃烧脂肪更少，血液流动更加缓慢，使脂肪酸更容易堵塞于心脏。长时间坐着不仅会导致血压和胆固醇升高，而且会使心脑血管疾病发生率倍增。

最受久坐危害的就是加班族

知名医学杂志《柳叶刀》发表的一篇论文指出，长期加班会增加心脑血管疾病风险。与每周工作35—40小时的人相比，每周工作时间大于等于55小时会让脑卒中风险升高33%，冠心病风险升高13%。

上海社会科学院社会学研究所在2011年时，曾对92个过劳死病例进行分析。结论是，近年来过劳死发病率直线上升，性别上，尤以男性人群居多，行业上，IT从业者过劳死年龄最低，平均只有37.9岁。按理说中青年是生命力最旺盛、体格最强壮的时候，为什么会英年早逝呢？直接原因就是心肌供血不足导致的心跳骤停。

为什么久坐会给身体带来这么大的危害？

美国彭宁顿生物医学研究中心的汉密尔顿（Marc Hamilton）医生发现：久坐时，肌肉纤维的肌电活动几乎处于停滞状态。长期坐着，心肌缺乏必要刺激，强度降低，在遇到剧烈运动时无法提供充足的血液，猝死就发生了。心血管领域的顶级学术期刊*Circulation*曾发表一项相关研究，研究调查了近9000名澳大利亚人后发现，每多坐着看一小时电视，死亡的概率就提高11%。另外，人体久坐的情况下，每小时平均消耗热量仅有20卡，是步行时的1/3；同时人体对胰岛素的利用率也会大幅下降，因此二型糖尿病和肥胖症的发生概率也会提升。

近年来，猝死已然成为一个社会现象，它像一颗炸弹，一不小心就会被引爆，可能发生在任何一个昨晚熬了个通宵的人身上；猝死现象也已经普遍到人们不忌讳提及，甚至成了年轻人每天互相关心时的常用表达——“小心猝死”。

丁香医生《2020 国民健康洞察报告》：有超过半数人，曾担心猝死

根据丁香医生《2020 国民健康洞察报告》的统计，53% 的人曾经有过自己可能猝死的担心；而在这超过半数的人中，有 6% 的人经常甚至每天担心自己可能猝死，其内心折磨可想而知。可以看到，工作时长越长，人们就越会担心自己猝死。像那些工作强度大、时间长、久坐不动的工种，例如医生、媒体人、设计师、程序员等，都有着极高的比例担忧自己猝死。除了被工作压制的朋友外，学生中也有很高比例的人对自己猝死表示了忧虑，这个数字达到了 58%。

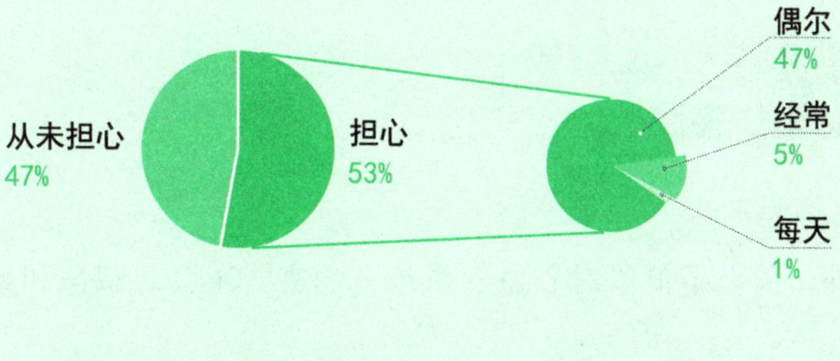

丁香医生《2020 国民健康洞察报告》：担心猝死的人年轻化

而令人震惊的是，结果发现，随着医疗水平提高和健康观念的提升，年长者越来越少地担忧自己猝死；相反，对自己猝死抱有忧虑的年轻一辈，尤其像“95 后”与“00 后”，比例相当高，均超过半数。其中，经常甚至每天担心自己猝死的比例，已经达到了 7% 和 9%。猝死，像一把达摩克里斯之剑悬在年轻人的胸口，我们边熬着夜，边心惊胆战，工作和生活的压力大，我们没有逃脱电脑前这把椅子的办法。

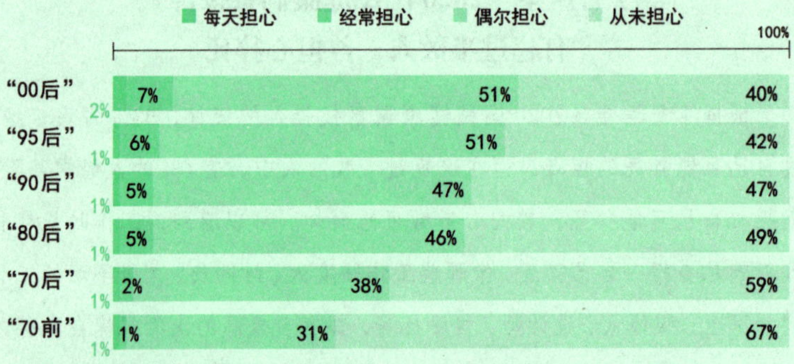

担心猝死比例 - 年龄对比

1.2 久坐伤害膝盖

另外，久坐不单单对心血管系统有危害，还会对膝盖和腰椎产生伤害。

看到这里，你可能会有疑问：不是说跑步伤膝盖吗？大家都想错了，跑步时如果姿势正确就不会伤害膝盖，但长期久坐一定会伤害膝盖。

相比跑步，久坐才伤膝

2017 年 6 月，美国《骨科与运动物理治疗》杂志发表过一项跑步和久坐对关节影响的对比研究。结果显示，经常跑步的人，关节炎发生率仅为 3.5%，反而是久坐不动的人，关节炎的发生率比经常跑步的人高出 3 倍，达到 10.2%。当然，跑步竞技运动员，关节炎发生率比久坐的人还要高出 3.1 个百分点，达到了 13.3%。

你可以这么理解：长期久坐，你的肌肉没有力量，在日常生活中无法负担身体的动作，关节就容易出问题。相反，科学有效地跑步，不仅会让你的腿部肌肉力量增长，还会在运动中让血液流动速度加快，给关节输送的养料也就增多了。关节有滋养，自然不容易出问题。你看钟南山院士，80 多岁还坚持运动，日常走路的速度还是飞快，但是和他同龄的其他人，可能大多走路都颤颤巍巍。这就是运动和不运动身体状态的巨大差距。

这么说，只要不像竞技运动员一样过量运动，不超过自己能够承受的范围，保持科学运动，关节受伤的可能性很低。不但如此，运动科学研究还发现，肌肉、骨质和神经系统都会对“压力”有适应性反应。也就是说，通过有计划的、渐进式的超负荷压力刺激，肌肉的质量会提高，骨质的密度会提高，神经系统的效率也会提高。

1.3 久坐伤害腰椎

那么，久坐对腰椎的影响呢？在站着、坐着、躺着、侧卧等等姿势里，我想很多人都会觉得站着对腰产生的压力是最大的，因为看上去整个上身的重量完全由腰承担。但事实上，这几个姿势中，对腰部压力最大的就是坐着。

小拓展：不同姿势下腰椎的压力对比

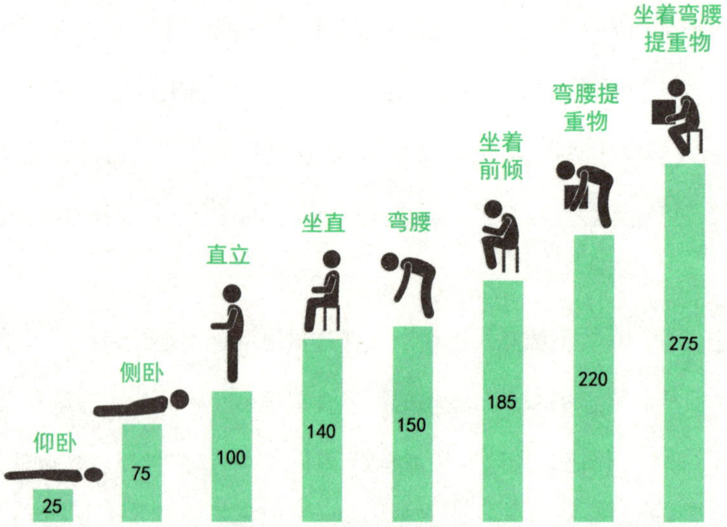

不同姿势下腰椎压力对比

我们假设站着的时候压力是100，仰卧躺着就是25，坐直的情况却是140，相当于标准站姿的1.4倍。如果你是坐着时身体前倾，那对腰的压力就是185，是标准站姿的1.8倍。这个压力比弯腰还大，因为弯腰时的压力是150，是标准站姿的1.5倍。很多人趴在桌子上睡觉，醒的时候会觉得腰很不舒服，因为这个姿势腰部承担的压力是标准站姿的2.4倍。休息的目的没达到，反而加重了腰的负担。所以，久坐才是关节最大的敌人，而不是运动。想要保护关节，科学地动起来才是关键。

02 心肺功能，性命攸关

在最专业的教练和医生眼中，心肺功能才是最重要并需要首要关注的。

2.1 为什么心肺功能会如此重要

身体永远的法则就是适应环境，能适应环境的身体就是一个好的身体。换句话说，看我们的身体需要什么，需要看在不同的时代环境下，我们活着是为了什么。因此，在人类历史上的各个阶段，衡量身体健康的要素是不同的，即便要素相同，它们的排序也不同。你看，我们对身体的需求，从最开始的生存，到农业时期的生活，到工业时期的工作，到战争时期的特殊需求，再到20世纪70年代的吃饱穿暖的健康，再到现在的全方位健康，一直在迭代。

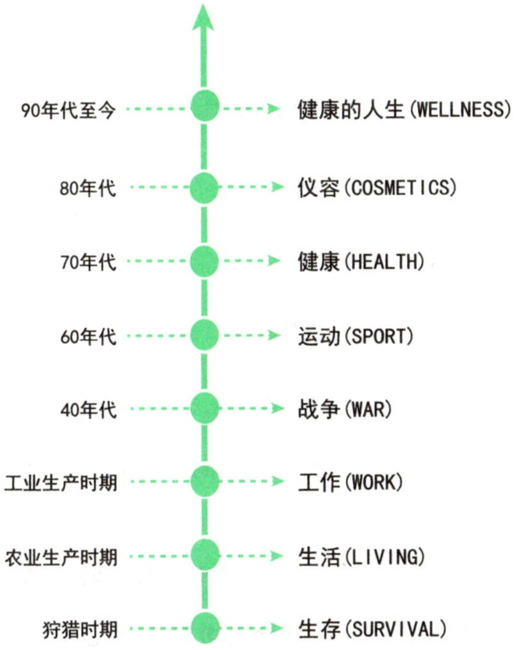

身体适应能力衡量原则的演变

衡量人身体健康的五项要素

那么，到底哪几个身体要素是组成健康人生的重要要素，它们之间的关系又是怎样的？

美国运动医学会指出，衡量现代人身体健康的五项要素分别是：**肌肉力量、肌肉耐力、身体成分、柔韧性、心肺功能。**在我们过去的认知中，肌肉力量、肌肉耐力、柔韧性都是我们一个人看起来是否年轻有活力的关键。但在最专业的教练和医生眼中，心肺功能才是最重要、需要首要关注的。

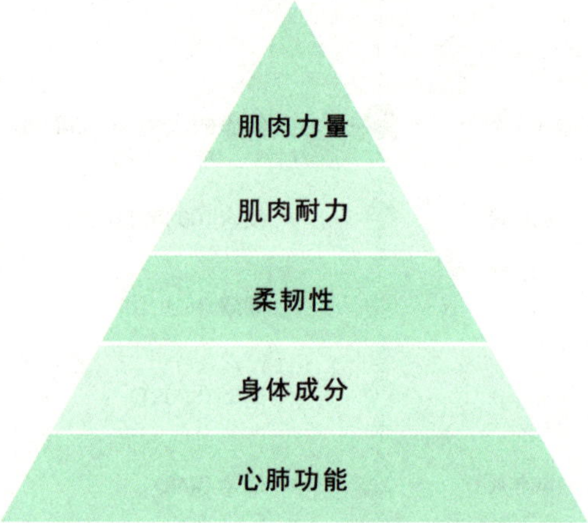

衡量现代人身体健康的五项要素金字塔

- **第一位是心肺功能。**这和现在网上流行的“运动就是要去健身房练习肌肉力量和耐力”的理念有非常大的差异。

- **第二位是身体成分。**尤其是体内的脂肪含量，即我们平常所说的“体脂”，这个指标也与心肺有关：脂肪少的人，心血管的负荷就小，通常也会更健康。

- **第三位是柔韧性。**柔韧性影响关节的活动程度，很多老年人因为关节不好行动受限，梳不了头，挠不到后背，走路难，极大程度影响活动能力。

- **第四位是肌肉耐力。**如果一个人的肌肉耐力差，那么他的身体基本姿势会受到很大的影响，导致“站没站相，坐没坐相”；有的人长期觉得腰疼，很有可能是因为腹部肌肉耐力差，将上半身负荷转移到腰处而导致的疼痛。

• **而最后一位才是我们之前误以为最重要的肌肉力量。**除了在火车和飞机上把行李放到行李架上之外，特别需要肌肉力量的情况并不多见。当然，对身材外表有要求的朋友重视肌肉力量也无可厚非。

这个常识可能会让你吓一跳！

我们前文说过，心肺功能之于人体的作用就有如发动机之于汽车的作用。你可能很难想象心肌这块肌肉的日常负荷有多重吧！来，咱们一起做个实验。请伸出你的右手，握紧再松开，还挺轻松吧。咱们再试试，1分钟握紧拳头70次，这就有难度了。那一辈子持续这么做呢？而这正是你心脏的工作负荷。

心脏每天所释放出的能量加起来，可以把一辆5吨重的汽车抬高5米。当你高强度运动时，心脏每分钟要抽送20升血液。这是什么概念呢？饮水机的桶装水一般是18.9升，我们的心脏1分钟就能输送这么多血液。甚至在你休息的时候，心脏大约每分钟都要处理5升血液，约等于10个矿泉水瓶子的容量。

2.2 两个指标衡量你当下的心血管健康状态

既然心血管状态对身体健康如此重要，我们日常如何判断和监测心血管状况呢？有两个非常简单的指标，可以帮助你简单检测一下你现在的心血管水平。

衡量标准之一：心跳

第一个衡量标准是心跳，如果你戴着心率手表或手环，直接看一下心率读数就知道自己 1 分钟心跳多少次了；没有设备的话，可以把着自己手腕位置的动脉，计时 1 分钟，数一下次数。如果不算降压药或是心率过缓等影响，那心跳的次数越低，心血管系统的状态就会越好。

每分钟心跳 50 次左右的人，心脏处于有力量收缩的状态，将血液输送到全身各处的毛细血管，血液里的氧气也充足，身体各个组织能更好地利用。如若心跳八九十次或更多，说明心脏肌肉力量就相对薄弱，因为想把血液有效地输送到全身，心肌力量不够就只能增加次数。如果你容易手凉、脚凉，那么说明虽然努力增加心跳次数，还是无法把血液有效运送到毛细血管。

通过有效的运动训练之后，心肌的能力就会大幅增强。一般情况下，经常运动的人 1 分钟的心跳次数就会低，经常做耐力运动的人心跳次数就会更低。有一位马拉松运动员，其心跳每分钟只有 21 次。在我的经验中，一个没有运动习惯、一天要坐着工作 8 小时以上的人，一开始心跳每分钟 90 次，在他舒服的强度下规律地进行有氧运动，两个月心跳就能减少到每分钟 85 次。他自己也会觉得，精力好转，困乏的状态得到改善，因为血液循环变好，气色也会好很多。再持续运动下去，心率还会越来越低，状态越来越好。

衡量标准之二：最大摄氧量

除了心跳这个指标，还有个很关键的指标叫作最大摄氧量。简单来说，最大摄氧量就是你在运动中能获取的最大氧气量。这个指标越高，说明你的心血管系统、心肺功能越好。医院体检或者通过心率表测试都可以得出你的最大摄氧量。需要注意的是，最大摄氧量的测量需要被测者移动一定的距离才能测出来。因此，推荐大家在户外而不是室内进行测算，所以在户外跑步时进行测量，能取得最有参考性的结果。一个正常成年人，最大摄氧量的及格线分别是男性 40、女性 36。如果在这个及格线之下是有猝死风险的。

所以，如果你的最大摄氧量指标低于及格线，一定要注意你的运动强度不宜过大。同时，你得其他慢性疾病，比如高血压、糖尿病的风险性都会相应增加，所以这是一个很重要的传递健康信号的指标。医院心脏检查和体检都有这个测试，现在的部分智能心率表中也有，但是准确度没有医院的设备高。

那么，这个指标多少才算你的心肺功能比较好呢？最大摄氧量在 54 以上是优秀，而最优秀的耐力运动员，他的最大摄氧量指标能达到 88。你会发现，这中间的改善空间非常大。但同时也就意味着，如果你不注意心肺能力的提升，你的心血管的健康状态和心肺能力优秀的人相比，会存在很大的差距。忽视了心肌和心血管健康，人就长期处于巨大的健康隐患中。所以，即便不去跑步，我也建议你关注自己的两个重要健康指标：每分钟心跳次数和最大摄氧量。

参考表单（男性）

	20-29岁	30-39岁	40-49岁	50-59岁	60-69岁	70-79岁
优秀	55.4	54	52.5	48.9	45.7	42.1
极好	51.1	48.3	46.4	43.4	39.5	36.7
良好	45.4	44	42.4	39.2	35.5	32.3
尚可	41.7	40.5	38.5	35.6	32.3	29.4
差至非常差	<41.7	<40.5	<38.5	<35.6	<32.3	<29.4

参考表单（女性）

	20-29岁	30-39岁	40-49岁	50-59岁	60-69岁	70-79岁
优秀	49.6	47.4	45.3	41.1	37.8	36.7
极好	43.9	42.4	39.7	36.7	33	30.9
良好	39.5	37.8	36.3	33	30	28.1
尚可	36.1	34.4	33	30.1	27.5	25.9
差至非常差	<36.1	<34.4	<33	<30.1	<27.5	<25.9

最大摄氧量衡量心肺功能

03 跑步是强健心肺最科学的运动

如果目标是锻炼心肌，我们就要选择有氧运动，有氧运动里，跑步最适合普通人。

想要科学地动起来，锻炼心肌、提升心肺功能，我们应该选择什么样的运动呢？常见的运动分类将运动分为有氧运动和无氧运动两种，也经常有人问我，那无氧运动和有氧运动哪个更好呢？我的答案是两个都重要，分清目标就好。

3.1 根据运动目的选择有氧 / 无氧，锻炼心肌选择有氧运动

比如目标是提高跑步能力，那也需要提高肌肉力量保护关节，就要做无氧的力量训练。分清有氧和无氧主要是为了评估运动的强度，合理安排训练内容。所以在这里强调一下，普通人如果之前没有运动的习惯，突然开始运动，要从低强度的运动开始，这样身体会更加舒适，并且减少受伤

的可能。

但如果目标是锻炼心肌，我们就要选择有氧运动。因为不是所有运动都能有效地让心脏持续变强。比如说力量训练，很多同学会在健身房里举铁，这样的运动会让心率变低一点，心肌变厚，更有力量，但心腔的空间并没有变大。

有氧运动则不同。有氧运动不光能让心肌变厚，还能让心腔中的通道也变大，血流量同时增加。身体对于氧气的使用效率明显会提高。但是力量训练以及瑜伽、普拉提这类运动，效果就不会那么明显。

为什么有氧运动和无氧运动会有这样的差别呢？这要从两种运动各自的特点说起。

那什么是有氧运动呢？就是持续 3 分钟以上，全身多个关节和大肌肉群参与的运动。

美国前总统乔治·沃克·布什（George Walker Bush，小布什）的私人医生肯尼斯·库珀（Kenneth H. Cooper）博士是全世界运动与公共健康领域的先驱，有世界“有氧运动之父”之称。小布什当政期间，肯尼斯·库珀曾经两次受邀出任美国卫生部代言人。

库珀博士解释过“有氧运动”和“无氧运动”之间的根本区别在于能量代谢系统不一样。

当运动强度比较小，你能持续进行 3 分钟以上，靠的都是有氧代谢供能系统。当运动强度增大，你需要的能量超过有氧代谢系统的供给能力时，无氧代谢系统就开始启动。

事实上，有氧与无氧很少独立存在，更多时候它们互相重叠，只不过有时候有氧代谢占主导，有时候无氧代谢占主导。低强度运动时，比如走路时，无氧代谢所占比例非常小，这时候我们可以称之为所谓的纯有氧运动。但在几乎所有的高强度运动时，有氧与无氧代谢并存，因此不存在纯粹的无氧运动。

	有氧代谢	无氧代谢
运动强度	低	高
持续时间	3分钟以上	两分钟以内
能量来源	碳水化合物与脂肪为主	糖分
功能特点	慢，持久	快，不持久
代谢废物	少，被血液快速带走	多，乳酸易累积，导致疲劳
典型运动	快走、慢跑、游泳	短跑、举重

有氧代谢和无氧代谢的区别

运动强度的高低该怎么分?

判断运动强度，我们讲过一个简单的方法“讲话测验”：

中等强度：心跳加快，微微出汗，有点气喘，但还可以讲话交流；

高强度：心跳急剧加快，出大汗，气喘吁吁，已经不能讲话交流。

了解了有氧运动和无氧运动，下面我们再聊一聊为什么选择跑步。

3.2 有氧运动里，跑步最适合普通人

比起爬山、游泳等常见有氧运动，跑步是唯一一种对场地和时间都没有要求的运动，它唯一的要求是体重：体重别太大，男生体脂 26% 以下，女生体脂 32% 以下，不然体重太大，对膝盖压力确实更大。这点很重要。

想象一下，一个男生，身高 170cm，当他静止站在体重秤上时，体重秤显示的数字是 90kg。如果他在体重秤上原地跑起来，秤上的数字也会不断变化。双脚腾空时，数字显示没有重量，单脚落下时，体重秤读数可能会超过 90kg，随着脚抬起得越高，落地时显示的数字越大。如果他是以百米冲刺的速度跑，单脚落下时秤上的数字最多是 3 倍于自己的体重，即 270kg，也就是说一条腿就要在瞬间承受 270kg 重力。

体重超标严重时，我们的关节无法承受落地时的冲击，很容易就受伤。只要解决这个问题，跑步就确实是成本低、花钱少、效果好的最优运动选择之一，我母亲就通过跑步，一分钱不花获得了健康状态和精力状态的巨大改善。

我母亲年轻的时候是吉林省省队的篮球运动员，打篮球特别厉害，她们女篮当时还拿过全国女篮比赛的第一名。但是年轻时的高

强度训练也导致多关节磨损，造成骨刺等很多问题，后来很长一段时间就停止运动了。

2014 年的时候，我母亲重启跑步。一开始她跑步也跑不了几百米，只能慢慢增加距离，不久之后，我母亲就变得很能跑。现在她 60 多岁，每天早上都跑 5000 米以上，还完成了半程马拉松和全程马拉松，在她们“跑团”，她是第一个跑完全程马拉松的，跑友还一起吃饭为她庆祝。要知道她 40 岁左右还在工作的时候，心脏还常常不舒服，甚至要吃速效救心丸，这些年开始跑步之后，心脏问题也没再出现，人还更年轻了。

原本我以为母亲跑步仅仅是为健康考虑，后来才知道她是爱子心切。因为我在北京创业，她和我父亲不能给我提供物质上的支持，没有能力买车买房，帮不上忙还挺难过，再一想要是再得个慢性病拖累我就更不好了。2014 年的时候，她因为骨刺的问题上楼都很费力。当时我家还是 5 楼，每一次上下楼，我母亲都只能很艰难地走走停停。因此，她觉得必须做些什么，想来想去，觉得跑步的成本最低，也不需要自己花钱办卡，就每天在旁边的操场上跑起来了。几年过去了，膝盖没有更差，反而上楼更轻松，身体状态更好。

和妈妈一样，我自己也是职业篮球运动员出身，成为健身教练之后也尝试过各种各样的运动，先后学习普拉提、泰拳、体能训练等健身方法，证书攒得越来越多。2014年前后，因为一次搬家，我把这些证书铺了满地，我问了自己一个问题，在健身运动中，如果只留下一张证书，留哪张？当时，我没能给自己一个满意的答案。

直到有一天看到帕累托法则的时候，我明白了如何做这个选择题。帕累托是著名的经济学家和社会学家，他关注到一些非常有趣的现象，比如意大利约有80%土地归20%的人口所有，帕累托花园里80%的豌豆都是从他种的20%的豌豆树长出来的。这些现象被进一步总结成帕累托法则：20%最重要的变量，影响着80%的结果。举一反三，能让人想明白很多其他领域的事情。

就拿运动来说，20%的练习和习惯带来了80%的效果。如果你找对了关键，那么很少的精力和时间投入，就能带来非常明显的效果。但相反，如果你没找对关键点，那么投入很多努力，也难以见效。在疯狂考证的那个阶段，我就找错了关键点。看似一直很勤奋很忙碌，但这种勤奋对我自己的工作、身体，以及我想要帮助的学员意义却不大。相信你也有相似的困惑：为什么自己明明很努力，就是看不到效果？为什么试了那么多方法，还是瘦不下去、跑不起来？

直到我开始静下心来研究跑步这项看似极其普通的运动，不断看书报班向高手学习，同时自己每天坚持实践，我才发现了在运动这件事情上那最关键的20%是什么。

04 跑步是数据化程度最高的运动

跑步恰恰是最容易数据化的运动项目之一。跑步数据化的核心指标，就是心率。得益于这些年心率手表和心率手环的普及，你最低只要花一两百块钱，就能让自己开始科学地跑步。

4.1 科技的发展有力地推动人类从几近退化中重新跑起来

跑步看上去是一项人们天生就会的运动，其实跑步发展史也是一部科技进化史。

人最开始跑是为了躲过野兽的攻击，为了追逐美味的猎物。在 Discovery 探索频道《绝对好奇》这部纪录片中，我们可以看到在进化过程中猿类摒弃爬行习惯，开始慢慢行走。在没有发明弓箭和陷阱的时候，原始人打猎就靠和鹿等哺乳动物比耐力，直到这些动物跑不动了，才有机会把猎物杀死取食。

因为人类的排汗系统比其他带皮毛的动物更优良，所以人类可以长时间跑步。在几百万年前，跑步是人类必备的生存技能。即便是现在，跑步相对于其他运动来说，也确实是最方便的，尤其对场地也没什么特别要求。我们拥有一个进化的适合耐力运动的身体，一天可以行走许多千米，并能经常奔跑。

工业时期，人跑步的能力却大大退化了。进入21世纪以来，人类的饮食越来越丰富，但久坐的时间越来越长。很多人的体重越来越重，跑起来身体的负担也越来越大。体重失控，就意味着我们的跑步能力退化了。

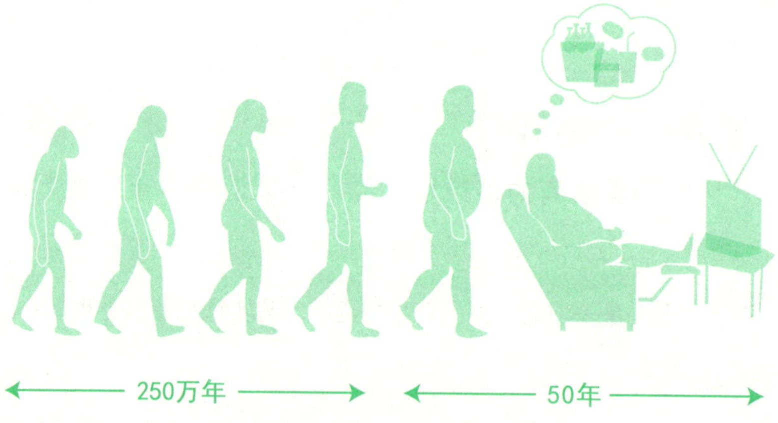

人体演化图

现在我们进入了更先进的科技时代，情况再次发生了改变。比如零基础的普通人，轻松训练几个月就能完成20多千米的半程马拉松比赛，这在此前是几乎无法实现的，因为无法便捷精准地掌握关键数据，所以训练要么缺乏效果，要么强度过大让人十分痛苦且容易受伤。

近些年来，马拉松比赛热度越来越高，因为马拉松不仅是一项比赛，更是衡量人体素质差异的一种标准。当你在马拉松赛事看到一名又一名选手步伐轻盈、带着激动冲过终点时，一定会感慨人类奔跑的天赋终于复兴。而且绝大多数马拉松完赛者都不是专业运动员，他们之所以能轻松、安全地完成这些挑战，离不开技术的发展。

4.2 检测心率不再是专业跑者的权利，我们可以实时监控自己的心肺功能

跑步的第一个小目标是提升我们的心肺能力，那么，如何通过有效的跑步训练来增强心血管系统呢？这时就需要找到可视的、有效的数据化方法。好消息是，跑步恰恰是最容易数据化的运动项目之一。跑步数据化的核心指标，就是心率。得益于这些年心率手表和心率手环的普及，你最低只要花一两百块钱，就能让自己开始科学地跑步。

一开始是没有心率表这种设备的，人们都没有用测量心率监测自己身体情况的意识。直到 1977 年，芬兰越野滑雪国家队的教练想让选手训练科学化，研发出历史上第一个无线传输的心率装置，这时候监测心率还只是运动员的专利，且心率带佩戴起来并不舒服。直到心率表出现，人人都拥有一块可以监测心率的智能手表，虽然相比心率带，心率表在数据上略有几秒延迟，但相比于能随时随地掌控自己健康的权利，可以说是无伤

大雅。

这几年心率表一直在迭代，数据越来越准。过去比较知名的心率表是佳明、松拓、博能等，都是国外的品牌，而现在华为的运动手表、Amazfit手表已经追上了国外的品牌。数据也是采用了知名的权威 Firstbeat 运动数据算法，分析也特别精准，性价比却高了很多。最初，一个由 Firstbeat 算法进行分析的心率表要 2000 多元，到现在千元甚至更便宜，国产设备做得越来越好，不光是性价比高，使用流畅度和体验也比国外产品还要好，华为这样的国内厂商在交互系统设计方面有专长，使用起来更加人性化。

心率表不仅能帮我们科学运动，甚至能检测疾病。跑步训练营中一个广州的学员，就是因为戴着心率表运动发现了心脏病的征兆，及时住院治

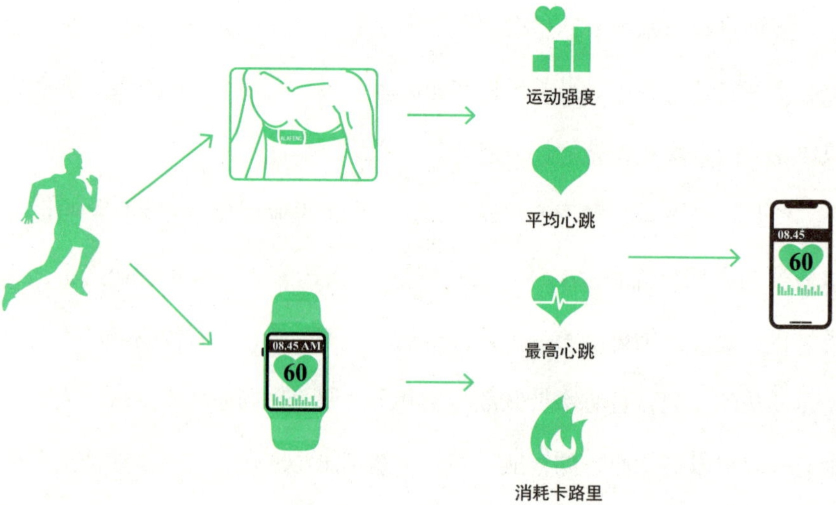

从心率带到心率表

疗，消除了健康隐患。

这是2016年的事情，这位学员要减肥，我让他散步时看着心率，别走太快。但是我们发现他即便走得很慢，心率也是特别高。这种情况很反常，我开始以为表有问题，换了新表心率依然特别高，我就赶紧让他去医院检查看看。没想到一检查真发现了心脏的问题，医生诊断是心房颤动。这可不是小事儿，心房颤动严重时有可能导致血栓、中风。更要命的是，心房颤动发生时，常常没什么明显的症状，特别容易错过最佳治疗时期，引发各种并发症，对个人和家庭造成沉重的负担。

幸亏这块心率表，如果这位学员当时没有及时发现心率异常，突然增加运动强度，就有心梗风险了。从此以后，他再也不戴什么上万元人民币的名表了，只戴心率表，既舒服，又多了一道健康保障。

目前市面上华为的心率手表和手环，或是苹果的 Apple Watch 手表都可以测出相对准确的心率值，方便我们评估运动的效果。具体选择哪款，可以根据自己的预算来看。

在后文的训练计划中，我会详细阐释如何利用心率表制订训练计划、衡量训练强度。

05 适合忙碌者的心肺增强运动

心率手表让远程教练成为可能，教练可按照学员心率和运动强度定制运动计划，根据心率表的截图打卡信息，了解学员状态和训练情况，进行有效的远程指导。

心率手表让远程教练成为可能。之前我指导学员的时候，经常会遇到这样的问题:学员一出差，或者没时间来健身房，整个训练计划就延误了。不过想想有时来健身房的时间成本也确实高，路上过来半个小时，训练一个小时，洗澡 20 分钟，回去再花半个小时。这样将近两个半小时的时间就消失了。在这个快节奏的社会里，大家睡觉的时间都不足，每天运动花这两个半小时确实好奢侈。渐渐我又发现很多人的运动目标不是想肌肉有多大，看起来有多壮，而是像罗振宇老师说的，只是想让自己获得充沛的精力来应付工作和生活，健康和身材改变只是其中的一个必然的结果。

从这个角度出发，增加有氧运动，让心肺功能变强就很容易获得充沛的精力，再配合上一些在家就可以完成的力量训练保护关节。这样就能达到精力充沛的状态，并且得到健康的身体状态。那不如就让他们选择最容易的有氧运动——跑步，这样不受出差的限制，到哪个城市都可以完成。并且节省了大量路上的时间，过去可能路上要花一个小时，现在是下楼出门就可以跑。坚持运动更加容易了。

从那之后，我就按照学员心率和运动强度制订运动计划，让他们跑完用心率表的截图打卡。有的时候甚至完全不需要见面，这样不仅节省了路途中耗费的时间，保持运动习惯还更容易。比如樊登老师通过这样的线上指导，和我打卡已经持续快一年半的时间，即便他到国外出差，也是完全可以按时完成训练计划。我还有一位学员一直住在广东佛山，了解到他的体重、身高、年龄、心率等数据后，我远程给他制订了一套训练计划，他完成后在微信上给我打卡就行。半年下来，他不光体重轻了 20 斤，还完成了自己的第一个半程马拉松。

因为跑步打卡上面有详细的心率、配速、步频等非常精准的数据信息，我很轻易地就能知道他的状态以及训练的完成情况，也就能进行有效的远程指导。这种方式和我们之前对跑步目标的理解是很不一样的，之前，大家在开始跑步前总想着跑个半小时或跑个 5 千米，这两项指标其实很容易让我们运动强度过大或过小，甚至危害到健康。

Chapter
03

跑步是滋养大脑、改善情绪的工具

看完前面的章节，你是不是已经很亢奋，想立刻踏上跑道？其实，跑步不仅是一项锻炼身体的运动，还是一项“认知”活动。

跑步中，从头到脚都在发生变化，影响着我们的精神状态。大脑神经元的活动异常活跃，跑后工作和学习效率奇高，体内释放的激素作用于全身上下，迎来了一种“莫名其妙的开心”。

近些年，科学的发展让这些感受和经验，都一一获得了科学验证。经证实，跑步能有效改善大脑的情绪。

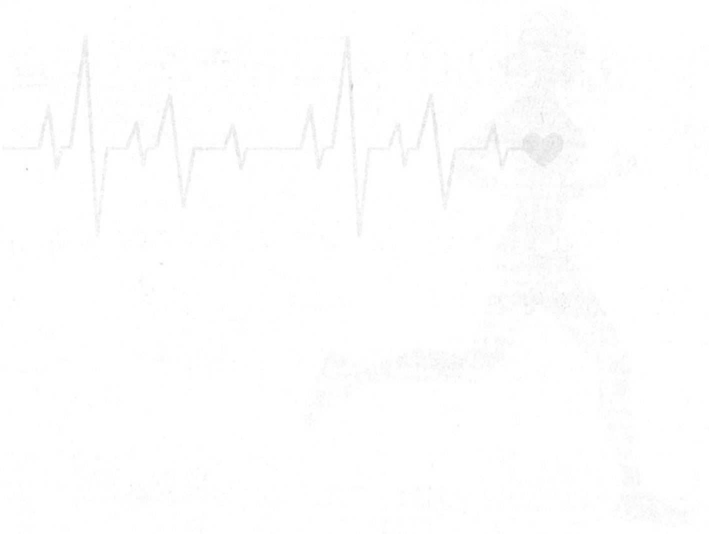

本章将以以下顺序展开——

01 跑步让大脑更活跃、反应更敏捷

02 跑步使心情更愉悦，抵抗抑郁、缓解压力

03 跑步全面改善自我状态

01 跑步让大脑更活跃、反应更敏捷

在衰老过程中，如果我们能维持住身体和精神的健康，那么大脑认知功能会得到完整保留，依旧睿智。

在20世纪90年代之前，绝大多数科学家也和曾经的我们一样，认为大脑的各项机能是随着年龄不断衰退的，大脑一旦发育成熟就会失去产生新神经元的能力。按照这种观点，人类在成年后只会不断失去神经元，而不会再生，所以大脑功能会越来越差。

大脑功能是用进废退的，我们大脑神经元的连接，叫作“突触”，0—3岁的孩子大脑的突触数目急速增加，在两岁左右达到峰值，甚至超过了成年人。但从此往后，那些很少被刺激到的神经元会丧失突触，这叫突触削减，经常被刺激的脑网络的突触会加强。这可以叫作“大脑的用进废退”，科学术语叫“神经可塑性”。

在衰老过程中，如果我们能维持住身体和精神的健康，那么大脑认知功能会得到完整保留，依旧睿智。如果生活环境和体验缺乏刺激，比如长

期重复无聊疲惫的工作，突触就会逐渐退化，脑体积也会慢慢变小，老年时非常容易患上阿尔茨海默病等疾病，完全丧失独立生活能力。

西湖大学校长施一公回忆自己在少年时代开始练习跑步，从公路到越野，经过一年多的锻炼，成绩得到显著提升，“当时 800 米可以跑进 2 分 20 秒以内，成绩一路提高；这个过程中，我悟出一些道理，身体好，自然有利于学习成绩提高，这是一个良性循环。”

从清华大学到西湖大学，他带领着大家一起跑步，“跑到 15 圈的时候拼得厉害，一看还有 10 圈，就咬着牙继续拼，有时候想一想，学习、工作这点累算什么，跑步是对人的意志品质的锻炼；跑步让人有更充沛的体力，有的人以为，花了很多时间锻炼，学习效率会降低，实际上，如果跑步方法得当，能调整你的能量级别，心脏机能和肺活量增强，供血充足、思维敏捷，每两天跑一次，工作效率可以提高 10% ～ 20%，生活质量也随之提高，真的是一本万利的好事情。”

长期的有氧运动可激发大脑神经细胞新生，
让我们的大脑保持年轻

2020 年 2 月发表于《生理学月刊》的一项研究中，芬兰于韦斯屈莱大学和其他机构的专家们找来了一大批老鼠，先给它们注射可以标记出新的脑细胞的物质，然后让前几个小组的老鼠分别进行不同类型的锻炼，最后一个小组的老鼠待着不动，充当参照系。

一些老鼠的笼子里放入了转轮，并确保它们每天都以中等强度跑上几英里。另一些老鼠进行抗阻训练，如在尾部附加轻微重量后爬墙。还有一些老鼠进行高强度间歇训练——置身于微型跑步机上，首先快速跑 3 分钟，然后慢跑 2 分钟，重复 3 回合，总共跑 15 分钟。这些锻炼持续了 7 周后，研究人员用显微镜检查了每只老鼠的海马体。

他们发现，锻炼方式不同，神经细胞增长的程度也不同。在转轮上长跑的老鼠，其海马体内充满了新神经元——跑的里程越远，大脑中的新细胞越多。相比之下，只进行高强度间歇训练的老鼠，其脑内的新神经元要少得多，只比那些完全不动的同胞多一点。至于那些做负重训练的老鼠，虽然它们的肢体在实验结束后比开始训练前强壮了不少，但脑内神经细胞并没有显示出可辨识的增加，海马体组织看起来与那些没有锻炼的老鼠差别甚小。

研究表明，有氧运动能增加脑源性神经营养因子（BDNF），它是大脑的优质养料。之所以说它是大脑的优质养料，因为 BDNF 是大脑在提升认知过程中非常需要的营养物质，同时也是大脑中含量最丰富的蛋白质。

众所周知，海马体是大脑中与学习和记忆最相关的区域，当你学习一个英文单词的时候，海马体中的脑细胞间会建立关于这个单词的新的神经回路，并且随着你的不断练习，这个回路会更加粗壮，记忆才能不断增强，进而形成更持久的记忆。而 BDNF 就广泛存在于海马体中，是服务于这整个认知过程的“大脑养料”，它帮助神经元形成新的连接，修复坏的脑细胞，保护健康的脑细胞。所以，它是促进神经元可塑性的关键物质，同时，还能增加脑组织体积。

假如你大脑里的 BDNF 比较充足，你会学得更快，记得更牢，觉得更快乐。反过来，如果 BDNF 比较少，那你就容易有抑郁、衰老等症状。

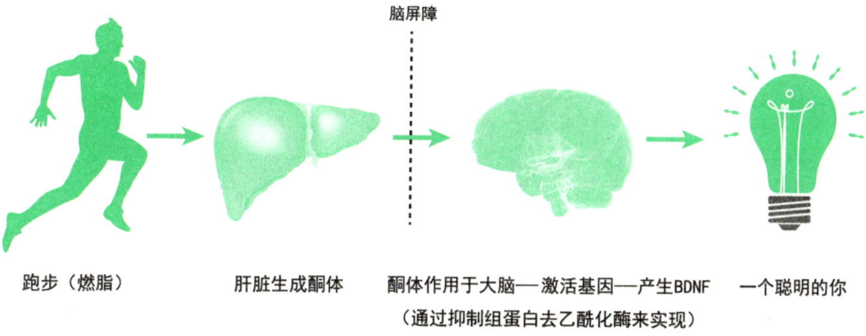

跑步如何让人变聪明

所以，跑步是一项认知活动，因为跑步可以激发 BDNF 的释放，供能大脑。2014 年爱尔兰都柏林大学的科学家做过一个实验，发现人在高强度运动之后，哪怕时间很短，也能增加大脑里的 BDNF 浓度，而且人在认知测试里的表现也会更好。难怪很多教育专家都强调孩子要多做运动了。

02 跑步使心情更愉悦，抵抗抑郁、缓解压力

长跑能缓解抑郁，这不仅是很多跑者的感受，更是有科学依据的。世界卫生组织统计，目前 20% 的全科医生会在治疗抑郁症时推荐跑步作为替代药品进行辅助治疗。

万科集团原副总裁毛大庆曾经因为长期高压的工作状态而出现严重的情绪问题。那段时间，他看什么都看不惯，觉得什么都完蛋，前途也一片黑暗。跟朋友聊天时老觉得社会也不行，行业也不行，年轻人也不行，总而言之什么都不行。这种状态后来影响到了工作，他开始不愿意和人交流，不愿意接电话，连电话声音都关了。

在医院确诊抑郁症之后，大夫给他开了 7 种抗抑郁的药，他回忆当时的情形："我这辈子活了 40 多岁都很少吃药，这个对我的打击还挺大的，就是难以想象，从 43 岁开始就要和药物为伍，甚至是一生。"

后来，几个跑步教练朋友带着他一起到森林公园转了几圈，开启了他的跑步人生。结果刚跑起来，人一下就快乐了，从跑 5 千米到尝试跑 10 千米，再到每天都要跑 10 千米。周末大早晨跑 10 千米，跑完才 6 点多，洗个澡，一天心情好极了。后来当他在布拉格第一次跑完马拉松全程之后，当晚在浴缸洗澡时激动地流下了眼泪。长跑不仅使他完全换了一个人，更是推动他开始新的创业，迈入人生的新阶段。

他在一次采访中表达了自己对于跑步这件事情的理解："跑得越远，离自己越近，因为你看清楚了你自己。你不会特别在意莫名其妙无关紧要的事，因为你会觉得世界很简单，就在你脚下，你可以控制的是你的双脚，你可以选择跑得快，跑得慢。跑步最享受的事情就是听见自己的心跳，掌握自己的节奏。"

马拉松的魅力就在于享受头脑的清明，没有私心杂念的烦扰。村上春树说跑步的时候我们可以想很多事情，但是我什么都不想，什么也想不起来了，尤其是到 30 千米以后累得都不行了，还想什么呀，所以这是一个极其美妙的生活状态。

长跑能缓解抑郁，这不仅是很多跑者的感受，更是有科学依据的。世界卫生组织统计，目前 20% 的全科医生会在治疗抑郁症时推荐跑步作为替代药品进行辅助治疗。美国威斯康星大学的精神病学家约翰 · H. 格雷斯特还做过一次医学实验。他随机选择了 28 位轻、中度抑郁症病人，分成 3 组：第一组开始慢跑锻炼，第二组开始短期精神疗法，第三组则进行不限时间的精神疗法。结果一周后，大多数慢跑病人开始感到好转，3 周之后甚至有不少人觉得自己差不多好了。

格雷斯特由此得出结论，跑步在消除轻度抑郁症方面不仅可与短期精神疗法媲美，而且比不限时间的长期精神疗法更有效。之后他坚持随访两年，发现大多数患有抑郁症的病人仍在坚持跑步，且情绪稳定。

03 跑步全面改善自我状态

3.1 提高乙酰胆碱激素水平：增强注意力

乙酰胆碱，这可能是你第一次听到这个名字，但是它的影响我们却并不陌生。比如前一段时间有部电视剧《都挺好》，其中苏大强的角色深入人心，很多人会为最后一幕哭泣，他的孩子抱着他，他却不知道对方是谁。这种病症叫阿尔茨海默病，也叫老年痴呆症。除了健忘之外，学习、专注力、思考、空间视觉认知等机能也会受影响，对我们未来的生活质量影响极大。

医学研究已经证实了乙酰胆碱这种激素和阿尔茨海默病之间存在紧密的联系。散步、跑步等有氧运动可以让脑内的“胆碱能神经”（末梢分泌乙酰胆碱作为神经递质的神经）活跃起来。

很多学者通过研究证明，定期进行有氧运动，确实可以有效预防阿尔茨海默病。芬兰研究人员曾经对 1500 人进行过一项调查，结果发现，与不运动的人相比，每周运动两次以上的人，患阿尔茨海默病的概率要低 50%。还有研究结果显示，每周坚持进行两次有氧运动，每次 20 分钟以上，就可以将患上阿尔茨海默病的风险降低 60%。

乙酰胆碱还有一个非常神奇的作用，它能让我们的专注力变强。我们都期待自己在做事时能陷入到忘我的心流状态，注意力高度集中，效率成倍提升，而且整个人也会感觉非常幸福、非常有成就感。

我调查过身边的朋友，其中有过心流体验的人不超过 50%，而能主动让自己进入心流体验的，可以说是凤毛麟角。**如何能让我们进入心流体验呢？利用跑步促进大脑分泌乙酰胆碱就是一个好方法。跑步可以说是我们获得心流体验的最佳方式。**从现在开始练习，不久之后你就会发觉自己跑着跑着，就进入到一种禅定的跑步状态，不仅神清气爽、如有神助，而且你会慢慢把这种状态迁移到工作或学习过程中，这就是跑步的神奇之处。

3.2 提高多巴胺和内啡肽激素水平：带来更多快乐

当人实现目标的时候，体内就会分泌多巴胺。攻克工作上的难关之后人也会分泌多巴胺。那种时刻，人是无比幸福的，相信你一定有过类似的体验。也有一些朋友无论做什么事情都提不起兴趣，整天为缺乏积极性和热情而烦恼，也可能跟多巴胺分泌过少有关。

跑步是促进多巴胺分泌最有效的方式之一，因为人在运动的状态下，交感神经会兴奋。训练达到一定量之后，很容易让自己兴奋起来。不仅跑步时多巴胺会加速分泌，跑步结束后一段时间，多巴胺分泌量还会继续增长。所以，即使在外人看来跑步很苦，喜欢跑步的人也会越跑越上瘾。

苹果公司的CEO库克是很典型的例子，他每天早上起来就要先骑半小时左右的单车，目的除了保持身体健康，也是希望通过20分钟以上的有氧运动获得激素的分泌，让自己能更高效。运动后再去处理电子邮件等工作，这时专注力和耐心都好很多。这就相当于有了情绪的外挂。

当然，除了分泌多巴胺以外，在进行长时间运动后，我们的头脑中会分泌内啡肽，达到跑者都会一致追求的“跑步高潮”（Runner’s High）。

3.3 提高睾酮素：男性更刚，女性更飒

刚才说的两种激素更多是关于注意力和快乐，还有个和喜欢竞争与积极进取有关的激素很重要，就是睾酮素。睾酮由男性的睾丸或女性的卵巢分泌，肾上腺也会少量分泌，所以这种激素男性和女性体内都有，只是男

性体内的睾酮比女性多得多。

很多人在健身中会接触到睾酮，这种激素会对增肌有重要作用。另外睾酮对男性性征和我们日常行为特点也会有影响。睾酮素过低，男性性征不明显，竞争的动力变少，性的需求也变少。反过来，睾酮过高也会导致一个人攻击行为增加。

除此以外，睾酮还有一个重要作用，就是会提升一个人参与竞争的动力。比如男生踢足球时的勇猛表现，就跟他的睾酮水平较高有关。只要是和竞争有关的项目，不管是体力的还是脑力的，睾酮都有很大影响。睾酮不仅有益于增加男子气概，同样也能为女性带来不少益处，其中包括更有勇气挑战，保持肌肉和骨密度稳定，改善情绪，降低患心血管疾病的风险。

提升睾酮水平的天然疗法是保持稳定适当的跑步和力量练习，增加肌肉有助于提高身体中的睾酮水平。这也是训练后，我们会觉得更自信、更有掌控感的原因。

随着科学研究的不断深入，我们越来越发现：运动对我们的改变远比我们想象的多得多。从我们的身体状态到头脑状态，再到情绪状态，以及气色气质，原本困扰我们的问题都可以通过跑步治愈。

Chapter

04

跑步，创造最小闭环的最优体验

相比于简单的快乐和幸福，心流，仿佛在内心秩序的层级上更加“高级”。它是我们短时间内内心秩序的重要构成要素，多少人可遇而不可求。

所谓“心流”，就是当你特别专注地做一件目标明确而又有挑战性的事情，而你的能力恰好能接住这个挑战时，你可能会进入的一种状态。它的特征是你做这件事的时候会忘记自己，忘记时间的流逝，你能体察到所有相关的信息，不管工作多复杂你都毫不费力，而且有强烈的愉悦感。

而幸运的是，它在跑步中非常频繁地出现。只要遵循几个条件，你就能“取之有方”。

那么，想要从跑步中获得心流体验需要具体做到哪些方面呢?

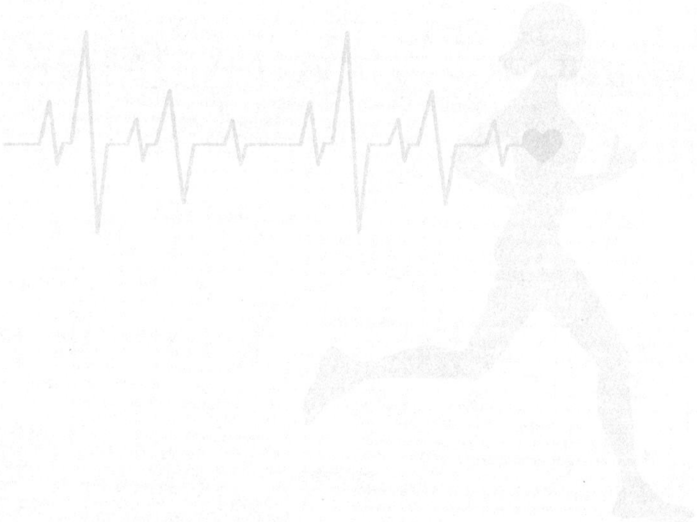

本章将以以下顺序展开——

01 跑步为什么让人感到身心愉悦

02 如何通过跑步获得“心流”

03 跑步构建长期的内心秩序

01 跑步为什么让人感到身心愉悦

经常有人问我，为什么听人说跑步会带来快乐和幸福感，但自己做运动却总是很累，哪里幸福了？这是一个特别好的问题，在回答跑步为什么会幸福之前，我们先思考一下幸福的感受来源于哪里？

很多人以为“什么都不做”是幸福的，本来以为假期时间越长越好，但真到长假了，几天后就会闲得发慌。同样，刷抖音、刷微信朋友圈、刷微博，刷的时候很爽，可是一关手机突然会有种空虚感，感觉时间浪费掉了，可能会感到自责。我也曾对幸福从何而来以及如何保持幸福感到困惑。直到看了《心流》这本书，我才找到了答案。

《心流》这本书的副标题是“最优体验心理学”，最优体验实际就是幸福的感受。这个心流的概念和理论框架，历经众多心理学家 30 年的研究检验，一直存活到现在，而且越来越热门。当了解这个最优心理体验——

幸福的时候，我才知道幸福感通常根本不是作为目标而浮现于人们的追求面前，而只不过表现为目标既达的某种附带现象。

处在心流状态中的人，潜意识系统被打开，所有的清醒意识会被潜意识替代；同时，大脑将充斥着两种给人带来兴奋的化学物质，一是去甲肾上腺素，二是多巴胺。它们共同带来了注意力的提升，反应能力的提升，以及试错学习能力的提升，给人一种“如鱼得水，飘飘欲仙”之感，体验过一次的人，都想再多体验一万次。非常巧的是，这两种激素，不仅在人进入心流状态后会产生，跑步过程中这两种激素也在源源不断地产生。

02 如何通过跑步获得“心流”

所谓心流，就是当你特别专注地做一件目标明确而又有挑战的事情，而你的能力恰好能接住这个挑战时，你可能会进入的一种状态。它的特征是你做这件事的时候会忘记自己，忘记时间的流逝，你能体察到所有相关的信息，不管工作多复杂你都毫不费力，而且有强烈的愉悦感。

想要体验心流，你选择的任务需要具备四个特征：

- 有一个你愿意为之付出的目标；
- 有即时回馈；
- 注意力集中；
- 选择合适的难度。

科学的跑步恰好能同时满足这四个特征：

- **目标** 想要有心流的体验，需要一个目标。但不要总把目标跟金钱挂钩，周航老师就和我说起过他第一次创业成功后，搬到了加拿大，每天坐在院子里，盯着一片片落叶飘落在地。他感觉自己忍受不了这种无聊，就回国开始了又一次的创业。没有目标，真的会无聊，体会不到幸福感。而跑步就是一项目标明确的运动，长期目标是完成马拉松，短期目标可能是更快的3千米、5千米。具体跑步目标的设置，可以阅读本书第7章。跑步的目标还很适合和其他人一起完成，这是一种可集体可个人的神奇运动，并不是所有运动都有这样的特性。比如我和大家约去杭州跑步，大家很愿意参加，但是我约大家一起去杭州做1000个深蹲，就没人和我一起去了。

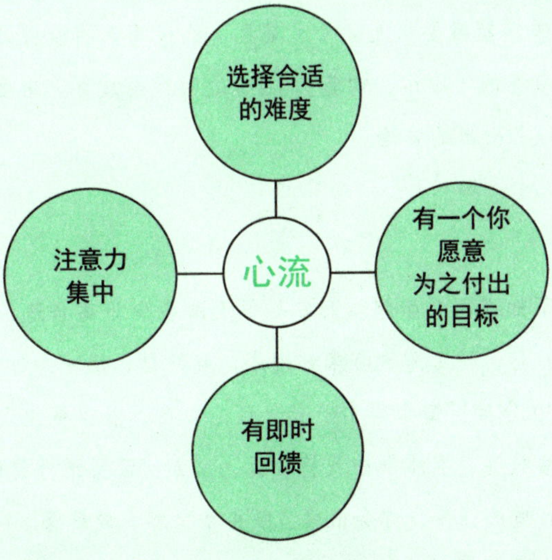

心流的四要素

● **即时回馈** 我们知道玩游戏停不下来，就是因为游戏不断给你即时的反馈，比如游戏里你通过一道障碍，然后就会蹦出奖励的数值。这个即时反馈就很重要，让你一直能持续下去。为什么我们微信朋友圈跑步打卡的人要远远多过练腹肌打卡的人？原因同样在于即时反馈。每一次跑步，都能通过公里数和配速给人像游戏一样的反馈，数字多少一目了然，而每次练腹肌能看到的变化和进步几乎可以忽略不计。所以相比跑步，腹肌打卡这类运动也更容易被放弃。

● **注意力集中** 此时，日常恼人的琐事都被屏蔽，人达到了忘我的状态。在室外跑步有一个好处，就是没人会打扰你，你可以把手机丢在家里，只戴着心率表，从原来家里或者工作的场景中跳脱出来，这样就更容易集中精神，全神贯注。

● **选择合适的难度** 当任务太困难的时候，也体会不到心流的感受。比如说我学弹钢琴时要从儿歌《小星星》这种简单的曲目开始，但让我开始就弹贝多芬的《命运交响曲》，百分之百我会放弃。难度太高就会折磨人，无法进入心流的体验。

如何设置合适的跑步难度，以获得持续的心流感觉？

很多人不知道刚开始跑步时安排每天跑多少距离合适，往往设计了一个很难的目标，比如跑800米都困难，就给自己定一个每天要跑30分钟的目标，30分钟再慢都得1千米。目标太高，很容易让人认为自己没有天赋，然后放弃。在本书中我将告诉大家如何设置适合你的跑步强度，每次都设置合适的强度，你会很容易获得幸福感、成就感。

跑步是一项很科学的运动，可以通过设置不同的难度和挑战，来让我们有不断升级打怪的快感。本书的第 7 章，我会跟大家具体谈谈如何科学设置跑步难度。

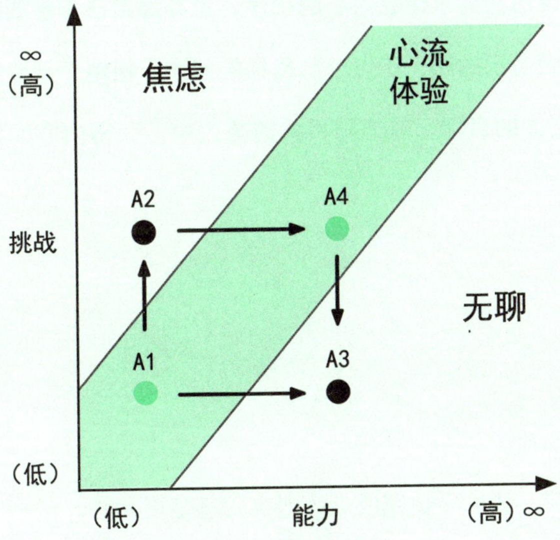

心流需要合适的难度

一旦你通过跑步获得了心流的体验，就很容易持续下去，从而收获终身运动的好习惯。健康、好身材、好精力都是这个习惯带来的副产品。你也要记住，通过跑步持续获得了心流所带来的幸福体验才会让你有健康的身体。我们也会了解到，其实真正能带来满足感的不是苗条或是财富，而是心流给自己带来的人生的满足感。

03 跑步构建长期的内心秩序

按照我自己的需求建立内心的秩序，舍弃掉自己不想要的，抛弃抵抗和命令，找到自己的路，不做外部目标的奴隶，拒绝外部奖励，建立“内奖”，即选定你的目标，在追随目标的努力中，获得内心的秩序和成长的乐趣。

因为心流，我的学员完成训练内容后总是很开心，很有成就感。如果还像过去一样靠外力去监督，被逼着完成训练，那只有痛苦，哪里来的心流感受。

想象一下，有人拿着枪顶着你的脑袋，威胁你必须跑完一个 42 千米的马拉松，否则你就可能有危险。这个感觉就很惨了。但是换一个画面，你有一双好的跑步鞋，按照要求训练了几个月，如愿地跑完了人生的第一个马拉松，你的朋友和家人在终点为你加油和欢呼，那就可能是你人生中最自豪的时刻之一了。一个人，如果为自己选择了一个参加马拉松比赛的目标，并且为比赛认真准备过，就会觉得这个是人生重要的里程碑，在你的晚年还会非常开心地和儿孙分享你的体验。但若是被强迫着去参加马拉松比赛，那可能就成为人生最痛苦和最恐怖的体验了。

被他人强迫是件特别痛苦的事情，就像前文说的被逼着跑马拉松。但我想告诉你，被自己逼着做事，同样是痛苦的。有句话是“自律给我自由”。自律的意思就是自己要求自己，相当于你脑海里有个声音总在和你说，“你要运动了”“你要学习了”“你不能赖床了”……不断地“你你你”，这个声音我觉得特别可怕，自己一旦没有运动，这个声音又会出现，“你怎么这么懒”“你完蛋了”等等。我能想办法避开说我的别人，但我没办法避开自己。受够了，可是没有这个该死的声音，我又担心自己无法往前走！自律没有给我自由，头脑里的各种命令让我很累。

看到《心流》这本书时我才明白，重要的不是自律，而是内心的秩序。我的秩序是按照我自己的需求建立的，我脑子里的声音是我真正的渴望，不再是命令。然而面对自己的要求，我也会抵抗，自己把自己的心情打乱。我的朋友钱炜老师，她是中国科学院心理研究所全国心理援助联盟副秘书长，她在讲正念冥想时的一句话让我记忆深刻：散乱的心是不幸福的。

自己和自己对抗怎么会幸福呢？当我们分心，无法为实现目标而努力，就会出现各种状况，这些状况有了各式各样的名称，如痛苦、恐惧、愤怒、焦虑、妒忌等。所有失序的现象都强迫注意力转移到错误的方向，不再发挥预期的功能。

再比如我们接收的每一条资讯，其实都要经过自我的评判。这条信息对我们的目标是威胁还是支持？还是完全中立？比如一只股票的下跌，可能是买的人伤心，也可能是买空的人高兴。看似相同的信息大家的反应可能完全不同，一条新资讯可能会使我们付出所有的心力去应付危机，意识可能失去秩序，精神能量也可能遭受巨大的消耗。

但如果我们能建立起内心的秩序，就能找到自己的路，然后舍弃掉自己不想要或者影响自己状态的因素。精神完全集中在自己的目标上，充满活力，不论多么烦琐艰难的工作，都能甘之如饴，从不厌倦，能轻易克服任何难题，对自己的生活掌控自如。

在 2020 年这次新型冠状病毒疫情中，相信有不少朋友的事业发展都遇到了一点挫折，我的朋友隋逸也是其中之一。她的公司做的是南极旅游，通过许多年的努力，这家公司已经是南极游这个品类的第一名了。结果遇到疫情之后，整个公司就停摆了，未来失去了方向。她一开始特别焦虑，每天刷新闻，但是这些资讯非但没有让她找到方向，反而让她看到更多的不确定性，引发了更多的焦虑，手上都开始起疹子了。

后来她实在无法忍受这种焦虑的状态，于是她选择做三件事：第一，每天抹药；第二，给自己独处的时间，每天半小时；第三，每天运动半小时。

第一点，每天抹药。这个看起来简单，但真正做过的人会知道有多难，我也有过皮肤炎症，却很难做到每天抹药，会逃避，不想面对，总是往后拖，经常是隔几天才抹一次。但她选择了直面问题，没有逃避。

第二点，给自己独处的时间。她有一对双胞胎，在疫情期间没有开课。每天小朋友们在家里吵翻了天，她的状态更无法恢复，她和她先生作出决定，每个人每天有半小时独处时间，另外一个人照顾孩子。这样就能让自己有空间和时间调整自己的状态，有时间能关注自己的内在，回到自己的内在。

第三点，每天运动 30 分钟。让自己能和身体建立连接，找到自己的心流状态。

通过这三件事，她把关注点拉回到自己的身上。把散乱的心重新慢慢整合，慢慢调整状态。我们的生活实际一直面对着不确定性，不知道明天会发生什么。但能使我们安稳下来的方法，就是建立生活中的确定性，已经建立的确定性可以帮助我们应对未知。

隋逸通过关注自己的身体，面对自己身体的问题，并且开始建立内在的秩序，整个人的状态开始慢慢地变好。她开始带着她的公司转型，虽然依然会面临很多挑战，但她和自己的内在连接了起来，面对问题的时候会更加从容，更容易找到解决问题的钥匙。

外界的目标会随时改变，外界向你提供目标时，往往以某种奖励吸引你追随它。世上大多数奖励的动机是控制你，不想做外部目标的奴隶，就要拒绝它们的奖励。拒绝外部奖励最有效的方法是建立“内奖”，即选定你的目标，在追随目标的努力中，获得内心的秩序和成长的乐趣，这就是内奖，就是自我奖励。

有一个跑步训练营的学员，在和我开始练习跑步之前，她曾经发过这样一条微博：

“我真的太懒了，跑步 3 千米，最后 1 千米怎么也坚持不下去，老是给自己找理由。不优秀，不努力，不上进，懒惰。”她因为对身材不满意，所以就逼着自己跑，把跑步变成了一种惩罚自己的方式。这样的例子你是不是也很有代入感？

我想告诉你的是，不能让你快乐的运动都是在耍流氓。如果你之前一直在用跑步惩罚自己，请立刻停下。一旦掌握了科学的跑步方法，你就可以从跑步中收获很多乐趣、满足和友谊，你也会越来越喜欢自己。

在我的学员里，有很多是亲子学员。父亲陪着孩子锻炼，希望有一天能两个人一起跑步看世界；女儿带着父亲运动，期待着父亲能暂时忘记年龄，重新体验到年轻和活力。运动不仅是获得健康的手段，更变成了我们和亲人朋友之间恢复联结的重要渠道。

所以，在接下来的内容里，我将交付给你一套系统、科学的跑步方法，也正是用这套方法，我让很多人的生活发生了彻底改变，不管处于人生的哪个阶段，他们都遇见了那个更好的自己。

第三部分

你可能对真正的跑步一无所知

跑步不是一件需要靠毅力坚持的事情，如果你在跑步中感觉脚步沉重、呼吸不畅、疲惫痛苦、无法提速，原因只有一个：你还不会跑步。

在我的训练营中，有一位橙子阿姨，她今年 52 岁，虽然年轻时是一名职业篮球运动员，受过特别专业的训练，却不是个爱运动的人。橙子阿姨曾经的高强度训练只是为了取得成绩，过程中充满挫败和痛苦，根本没有照顾到自己是不是开心。所以离开体育队后，橙子阿姨就会下意识地逃避运动，因为运动起来，之前那些伤痛的感觉就全部砸了过来，人天然是会逃避痛苦的，外部压力一旦消失，当然是能不运动就不运动了。后来，橙子阿姨因为长期工作忽视了身体，体质大不如前，体重涨到 186 斤，心肺弱导致的呼吸问题、心血管疾病也找上门来。

为了改变自己，橙子阿姨开始尝试各种运动调节身体，因为她自己原来也是职业运动员，传统的训练方式都了解，但都是那种高强度、很痛苦的魔鬼式训练方法，不科学也不够人性化，也让人坚持不下去，运动也没什么效果，反而很泄气。看着健身房好多上了岁数的人体质也很好，橙子阿姨就特别难受，情绪也变得低落、焦虑。

2019 年，橙子阿姨加入跑步训练营。这时她才发现，原来跑步可以是轻松、快乐，甚至让人“上瘾”的运动。不仅减掉 20 多斤体重，身体也比原来好很多，冬天几乎再也不感冒，原来走几分钟就喘，现在跑 20 分钟也很轻松，运动步数每天都能到 1 万多步。橙子阿姨在一次分享中和我们说：“认识展晖教练后，才知道以前真的都是白练了。”

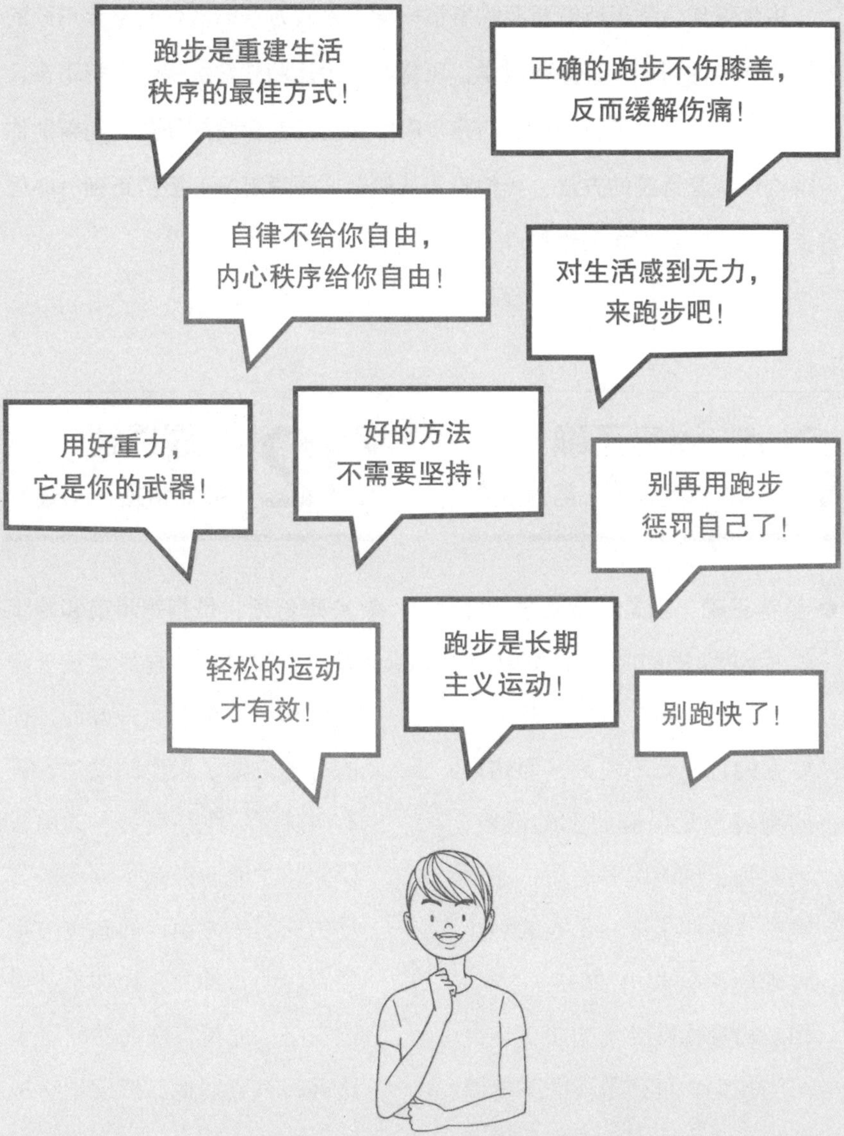
跑步是重建生活秩序的最佳方式！
正确的跑步不伤膝盖，反而缓解伤痛！
自律不给你自由，内心秩序给你自由！
对生活感到无力，来跑步吧！
用好重力，它是你的武器！
好的方法不需要坚持！
别再用跑步惩罚自己了！
轻松的运动才有效！
跑步是长期主义运动！
别跑快了！

张展晖跑步训练原则

跑步像你生活里所有重要的事情一样，是有方法的。这一整套系统的方法会让你跑得轻松、跑得科学，不需要外力压制就能愉快地坚持下去。

那么，什么才是科学有效的跑步呢？在第三部分我的任务就是帮助你习得这一整套系统的方法，我们将要从四个方面说起——姿势正确、心理舒适、体能足够、超量恢复。

01 姿势正确

姿势不对，努力白费

- 姿势正确，就是跑步技术。经过运动科学的多年研究和实践，正确的跑姿可以让其他三要素的训练效率更高，而错误的跑姿则足以威胁你的健康。调整到正确的跑姿之后，在同等身体条件下，一个人的跑步表现能瞬间提升 20% ～ 30%，相应的身体感受到的痛苦也会同比减少。正确跑姿的重要原则就是省力，充分地利用地球引力。

02 心理舒适

被忽略的跑步心理学

- 心理舒适，是指跑步前和跑步时的心理建设。它最难被观测到，却至关重要。一方面，你的心态决定了跑步的动力，只有破除了“跑步痛苦”的刻板印象，才能迎来跑步真正的驱动力；另一方面，心态也决定了跑步的持续力，让你不必逼迫自己，而是自然而然地穿上跑鞋，有节奏地、持续不断地跑下去。

03 体能足够

人人都可以轻轻松松跑步

- **体能足够，包括耐力、速度、力量和柔韧性。**耐力和速度训练，就是一周要跑多少次、跑多长时间以及跑多快。这个训练量并不是越多越好，而是要维持在一个对自己合适的水平上。合适的训练量会让你水平提高却不累。有了耐力，我们就可以长时间奔跑，但想跑得更快、不受伤，这时就需要肌肉力量。例如，在拥有正确姿势的情况下，如果你的腹部、臀部和腿部肌肉力量充沛，那对膝盖和踝关节的压力就会减小，也就不会出现“跑步伤膝盖”的情况了。最后是柔韧性，它和韧带、肌腱、肌肉、关节的伸展程度都有关系。柔韧性低，你就会感到肌肉、关节紧绷，运动范围受限。所以要提高运动表现和生活质量，柔韧性必不可少。

04 超量恢复

提高运动效果的最后关头

- **超量恢复。**如果说，姿势正确、心理舒适和体能足够决定了你怎么开始、怎么持续，那超量恢复就是你调整和提高运动效果的最后关头。在运动学的基础理论中，身体变强的原因是超量恢复，就是指运动员或者普通人在经过一次训练后，体能水平会逐渐下降，之后经过饮食和睡眠的恢复，体能水平逐渐上升，乃至超过原先体能水平的情况。因此，只有完成恢复这一环节，你的运动才能构成一个提升身体质量的良性循环。

Chapter
05

姿势不对，努力白费

曾经有一次，我在中国人民大学参加一期跑步理论培训，刚好碰到一个老教授，他好奇地问我："你们这些年轻人周末上什么课呢？看着挺好玩，学的是什么？"我说学的是跑步。这位老教授瞪大眼睛看着我："这东西还用学吗？"

我知道很多人都跟这位老教授一样，以为跑步是每个人生来就会的，但你可能不知道，如果跑步姿势错了，它就可能变成比踢足球、打篮球更容易受伤的运动。一个错误的动作，看似微不足道，可一旦被重复上千次上万次，对膝盖和髋关节的伤害不堪设想。

我经常带学员去操场或公园上课，让大家观察和对比来往跑友的面部表情。结果，绝大部分人的面部表情都十分痛苦，气喘吁吁、汗流浃背，咬牙坚持；较少部分的人，体态轻盈、落地无声，跑下来看上去几乎不费力气。事实上，跑者的面部表情都与他们的跑步姿势是有密切关联的。人们通常会以为痛苦的根源是体能不足、意志力差、心脏不强大、腿部肌肉不发达，根本想不到这种痛苦跟错误的姿势有关系。

下面我们先来看看跑步中容易出现的错误姿势，避免你在跑步时越来越累，越练越伤。

本章将以以下顺序展开——

01	最常见的 错误跑姿 ——“坐着跑”	02	最适合现代 人的正确跑姿 ——“重力跑”	03	从头到脚所 有跑姿相关 的知识要领

01 最常见的错误跑姿——“坐着跑”

1.1 未经训练的人大多都在“坐着跑”

“坐着跑”，顾名思义，跑步时双脚腾空后身体重心落在屁股上，像坐在一个板凳上跑。这种跑法会让大腿越跑越粗，同时还伤害膝盖和脚踝。

注意，脚着地时人体因为要分散重力，通常臀部都落在身后，这是没问题的，这里的“坐着”指的是腾空时臀部仍被落在身后。

“坐着跑”示意图

两个方法判断是否在“坐着跑”

1. 跑步时可以把手自然地搭在自己的臀部上，如果手感受到了额外的抵抗力，那么就意味着臀部被留在了后面，如果手只是感觉被“放”在臀部，没有额外受力，那么就是正确的姿势，你可以现在就把手搭上感受一下。当然有条件的话，还可以邀请朋友拍下自己跑步时的样子，然后通过观看视频慢放，看自己的重心是不是与身体在一条直线上。

2. 有没有出现过度跨步。

检查“坐着跑”示意图

1.2 “坐着跑”是一种极其费力不讨好的跑步姿势

“坐着跑”是一种跟重力对抗的跑法，需要你花很大力气克服重力，对抗重力最极端的姿势是，身体完全站直，脚用力蹬地腾空，脚跟离开地面，很明显，身体只会上下移动，而不是向前移动，你会发现，费了老大劲儿，就是跑不起来。

前倾训练示意图

那么，怎样学会利用重力？

同样是保持身体完全站直，试试把重心前移，重心在肚脐下方三个手指宽的位置。很自然地，整个身体就会前倾，当前倾到一定角度，我们就会自然而然地迈出腿向前走。而且如果前倾的角度过大，会出现一个很快的加速度，控制不好还会一个趔趄摔到地上。这个重力就是让我们跑起来的关键力量，了解这点后，你跑步只要把重心往前移，让身体前倾，就自然会向前走或跑了。

你送醉酒的朋友回家，一定会有这样的感觉：他走路走不快，但每次重心不稳要摔倒时的速度却特别快，身边人都反应不过来扶他，你说这个前倾的加速度快不快？

1.3 你以为这就结束了？“坐着跑”不仅费力不讨好，还给身体带来损伤

更令人头疼的是，不会利用重力的“坐着跑”不仅会徒增我们的痛苦，它还“附带”了两大错误姿势，而这两大姿势恰恰是我们跑步受伤的主要原因：

错误 1：过度跨步导致足底筋膜炎和关节受伤

由于无法利用重力向前，我们需要通过向斜后方使劲蹬地，来获得向前的水平方向的作用力。蹬得越用力，就跑得越远，但同时也就跳得越高。跑步不是弹跳能力比赛，我们蹬地产生的竖直方向的力可以说是在浪费我们的体能，但过度跨步的伤害远远不止于此。

过度跨步还会导致足底筋膜炎，就是常常有学员和我说的，针扎脚底的感觉。

我自己之前没改跑姿的时候，过度跨步也很明显。结果跑了 3 个月后就出现足底筋膜炎，跑着跑着就会出现针扎脚底的感觉，根本不知道什么时候会疼，也不知道怎么解决这个问题，一疼就没法跑，只好暂时放弃了跑步，后来改成正确的跑姿后疼痛就几乎消失了，有一部分原因就是因为过去过度跨步给足底筋膜产生了过大的压力。偶尔刺痛再次出现时，我会意识到自己有过度跨步的情况，调整好姿势也就好了，不会像之前一样一直疼。

过度跨步示意图

判断一下你是否在过度跨步：

1. 看后腿是否是绷直的，用力蹬地跑步时，后腿是绷直的，只有绷直蹬的时候才会有力量，上页图就是一个错误示范；

2. 看脚着地的位置是否在膝盖前方，如果是，那么就是过度跨步，脚的落地点，最好是在身体的正下方。

这种脚着地的位置总在膝盖前方的姿势，就会形成剪应力，这是导致我们膝盖受伤的主因。

想要知道自己是不是有过度跨步，除了观察跑步时脚的着地点，还可以让朋友帮你用慢动作录下跑步的姿势，然后再进行改正。

小拓展：什么是剪应力?

打个比方，想象一下你要把一根钉子钉入一块水平的桌面，你会先把钉子竖好，然后从上面施加竖直方向的力；但是如果你斜着放钉子，还是同样施加竖直方向的力，经常是一锤子下去，钉子就被砸弯了，因为钉子的结构决定了他们只能受到和它们平行的力。同理，你的腿就是那根钉子，过度跨步时，你的脚着地时承受的冲击力就像一把锤子砸了过来，出现剪应力，造成连接你的大

剪应力示意图

腿和小腿的膝盖不当滑动，时间长了可能就会疼痛、受伤。向前跨得越远，这个剪应力就越大。

错误 2：脚后跟着地导致头晕目眩

因为“坐着跑”需要蹬地，腾空时间长，就容易脚后跟着地。那跑步的时候，全脚掌或前脚掌着地，和脚后跟着地相比，哪种着地的方法更费力？

感受一下脚后跟着地

尝试光脚原地跑，让脚后跟先着地，你会感觉非常难受。

我们现在很多鞋子的鞋底很厚，这样的设计让脚掌和脚跟着地的差别不明显。但如果穿着薄鞋底的鞋子走路，脚后跟先落地的话，后脑会明显感受到震荡，甚至会产生头晕目眩的感觉。

脚后跟着地示意图

我的一位学员的太太给他买过一双很好的皮鞋，但鞋跟很矮。而他走路就是特别明显的脚后跟着地，其他人开玩笑说这个叫“领导步”，特点是手背在身后，迈步时重心都在身后，而且每一步都是脚跟着地。结果，他穿了一天他太太给他买的好鞋，回家却发现有点头晕恶心。

怎么回事呢？原因就是当我们走路时重心靠后，脚后跟着地的冲击力很大，再加上他那双鞋的鞋跟比较矮，分担不了这个冲击力，于是每次冲击力就直接传导到了大脑，让他产生了头晕的感觉。

说这个例子是希望大家明白，**首先，脚跟没有缓震作用，脚掌才是人体天生的缓震器。跑步时，相比于后脚跟着地，前脚掌着地不会产生第一个峰值冲击力，这个峰值冲击力短促迅猛，对关节的伤害很大。**哈佛大学有一个研究发现，学校越野队中习惯于脚后跟着地的队员，受伤风险会比前脚掌着地的队员高出一倍。

其次，知道了用脚后跟着地走路会产生强烈的身体反应后，就会明白跑步时脚受到的冲击力要比走路时大得多也快得多。而这些冲击力都需要由关节和骨骼来承担，时间长了对膝盖和髋关节都有很大的影响。

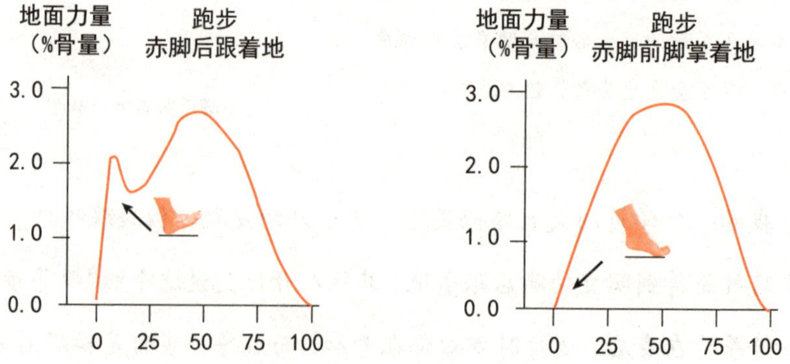

跑步前脚掌与脚后跟着地冲击力对比

总结

“坐着跑”这种跑法过度跨步，大量地使用大腿前侧和小腿肌肉，所以腿越跑越粗，臀部越跑越平，关键还跑不快。同时，由于你是在蹬地跳着跑，脚跟着地，膝盖和脚踝关节承受巨大压力，长期跑下来会导致关节磨损，埋下健康隐患。用这种跑法跑步的人通常面部表情痛苦，意志力告急，只得到了一点“我也是为人生拼过命”的自我感动。

可是，都说人类天生善于奔跑，为什么越来越多的人都在用怪异的错误方式“坐着跑”？因为长期久坐，臀部和大腿后侧肌肉缺乏力量，习惯用其他部位进行力量代偿。同时，因为鞋底足够软，有了更好的缓冲能力，因此可以“肆无忌惮”地“坐着跑”，放心大胆地让脚跟着地。试想，如果赤脚奔跑，你一定会用脚掌着地来缓冲，因为脚跟先着地，身体根本受不了。

事实上，鞋子的缓冲能力强并不意味着让冲击完全消失，一双运动鞋只能做到让我们脚跟着地时不痛，而着地的冲击依然会传导到脚踝和膝盖上，再好的鞋配上“坐着跑”，也一样会影响你的关节健康。鞋子对双脚上的肌肉也会有影响，比如原本是为了让我们更舒适的厚足弓垫以及硬而弯曲的鞋底，却导致很多人变成扁平足。这是因为这些舒适的设计让双脚的肌肉变弱了，没有办法维系足弓的正常形状。研究发现，习惯赤脚的人几乎不会出现扁平足的问题。

用错误的跑姿跑步，就是在不断地对身体进行惩罚。

02 最适合现代人的正确跑姿——"重力跑"

2.1 什么才是正确、轻松的跑姿

那么，什么才是正确、轻松的跑姿？那些会跑步的人，都在"重力跑"。

"重力跑"，顾名思义，指的是重心前移，利用自重获得向前的动力，接着，用大腿后侧肌肉和臀部肌肉，顺势拉起腿部，注意没有蹬地动作，着地时，全脚掌或是前脚掌先着地，脚的着地点自然落在臀部下方，配合合适的步频和步长，轻松往前飞奔。

2.2 "重力跑"相比"坐着跑"，优势在哪

省力

"重力跑"的腿部动作是拉起而非每一步都用力蹬地，因此，跑同样

“重力跑”（左图）和“坐着跑”（右图）对比

的距离，“坐着跑”大腿前侧肌肉酸痛难耐，用“重力跑”则基本没有感觉。

认真地塑型

真正意义上的重塑身型，“坐着跑”使你腿部变粗、臀部扁平，“重力跑”是在不断靠大腿后侧肌肉做抬腿动作，可以有效激活臀部肌肉，让身材越来越好，翘臀瘦腿。

不易受伤

“重力跑”没有身体腾空再着地的过程，对脚踝和膝盖关节的冲击大大减少，脚掌着地点刚好落在身体重心的下方，前脚掌或全脚掌着地，不会给关节带来额外伤害。

小拓展：很多运动都不是靠蛮力，而是重力哦

比如骑自行车时，腿部只是支撑点而不是发力点，如果你仔细观察专业运动员，你会发现他们都是靠身体重心左右位移，利用重力带动双腿轮流踩下踏板，然后通过脚套把腿拉起，自然向前移动。这种方式相比传统的腿部发力方式来说，更加高效、省力，采用这种骑法的自行车运动员腿部比之前细了很多，背后的原因就是骑行时腿部发力方式改变了，利用重力的方式更加节省体力，可以让运动员骑得更快更远。不会借助重力的人骑车时，一加速就会觉得大腿前侧有火烧的感觉，这和“坐着跑”的人跑完后大腿前侧肌肉特别酸痛非常像。

运动姿势对轻松运动特别重要。那么，想要让自己从“坐着跑”进化成“重力跑”，我们具体应该怎么做？

2.3 如何让自己从“坐着跑”进化成“重力跑”

利用“重力跑”进行跑步的概念出自尼古拉斯·罗曼诺夫博士的《跑步，该怎么跑》一书。前文的解释光看着其实并不是很好理解，下面就让我们来进行从“坐着跑”到“重力跑”需要的两大训练吧！

第一步：重心控制训练

先用你惯常的跑姿跑 30 米，留意一下感受以及你花费的力气。然后再让朋友用手掌顶住你的腹部，用力向后推你。你要做的就是收紧腰腹，原地跑对抗你朋友手掌的推力，别被对方推走。这样的对抗保持 10 秒钟之后，朋友松手，你带着这种感受跑出去 30 米。对比一下之前跑的 30 米，肯定会轻松不少。根据我学员的经验，至少能轻松 20% ～ 30%。

我为本书录制的教学视频，请扫描二维码回复“重力跑教学”观看

为什么会出现这种轻松的感受呢？原因是朋友一松手，重心在前面，于是重力就会带着自己往前跑。这样不需要像“坐着跑”那样依靠蹬地腾空让自己向前，所以就会觉得轻松很多。上面的训练需要在有朋友帮忙的

情况下进行，如果没有朋友帮忙，请用下面的训练方法。

Step1：用弹性站姿站好

首先用弹性站姿站好，弹性站姿时膝盖是微屈的，这个姿势在跑步中很关键，因为在跑步落地的时候，膝盖也是微屈的，而不是直的，膝盖微屈才能像弹簧一样帮助分担着地时的冲击力。如果太直的话，那冲击力就到髋关节和踝关节上去了。

膝盖微屈到什么程度合适？这个因人而异。但可以找一个感受，多屈一些会觉得腿压力变大，再直一些也会觉得腿的压力变大。找到这个位置就可以了，然后膝关节、踝关节都放松。

弹性站姿示意图

Step2：重心向后向前练习

然后，你要把重心往后移，重心是在肚脐下方三个手指宽的位置，移动到要摔但没摔倒的状态上，保持在这个位置上 10 秒，这时同样保持膝盖、脚踝放松，重心后移。整个身体尽量成一条直线，别只上身向后仰。

保持 10 秒钟后，你再把重心往前移，同样前移到要摔倒但没有摔倒的位置上，保持 10 秒。脚踝、

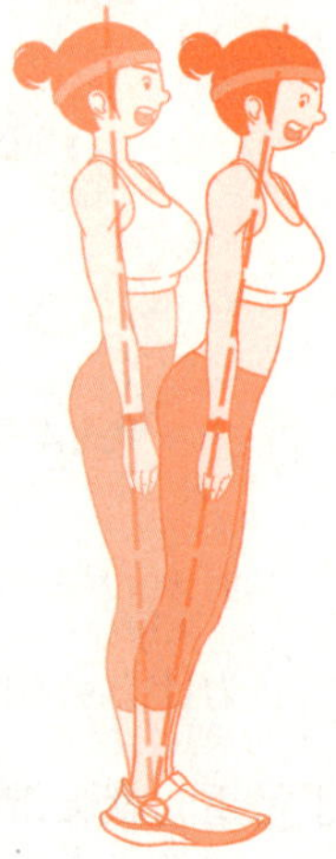

重心向后向前练习示意图

膝盖都是放松的，整个身体要成一条直线，可以把自己想象成一根无法弯折的木棍。千万不能只是肩膀前移，或者头部前移。

当你感觉重心慢慢到你的脚前掌的位置上后，保持 10 秒，之后顺着重心前移的惯性向前跑 30 米，就能体验到重力跑的感觉了。重复这个动作几次你就会发现，原来脚的位置不变，重心可以有这么大的移动距离。你可以选择让重心分别落在脚后方、脚中间、脚前方，感受一下很明显的变化。

当你做完跑步热身后，可以开始这种重心训练，让身体去感知重心的变化，强化重心点在脚前侧的感受。记住这种感受并保持住，这样你就会越跑越轻松。

最后强调一下，“重力跑”不等于“前力跑”，“重心跑”是重心在身体前面，上身挺直或是微微前倾。一但身体过度前倾，就很容易变成“坐着跑”。

第二步：拉起腿部训练

第二个关键动作，就是跑步时把腿拉起来，而不是抬起来，跑的时候腿如何发力很重要。大部分人在跑的时候是用腿部来主导动作。他们会特意将腿往身体前面跨，就像高抬腿一样，形成过度跨步，接着再推蹬地面，也就是我们在上个小节里为大家指出的错误姿势。

这也解释了为何跑步受伤的比例越来越高。1970 年平均每年有 66%

的跑步人会受伤，到了 2005 年，跑鞋经历了 30 多年的改进，但跑步的人受伤比例上升到 85%，这个数字让人很震惊。那么如何矫正自己的错误姿势呢？一共有 3 个步骤。

Step1：判断你是否在蹬腿而不是拉腿

我们先来看看错误的发力方式，先做一个动作，用左腿作为支撑腿，进行单腿站立，然后切换到用右腿单腿站立。观察一下，你自己是如何转换腿的。

很多人习惯了蹬地的动作，会先弯曲左腿膝盖，然后一个小跳换到右腿。这里用到“跳”这个动词，因为人的重心起伏也很大。用这种方式做原地跑动作时，你会发现重心也会起伏很大。在跑步的过程中，不断地蹬地是非常消耗能量的。想要避免这种情况，就要改变腿部在跑步时的发力习惯——拉起腿部，而不是用力蹬地。

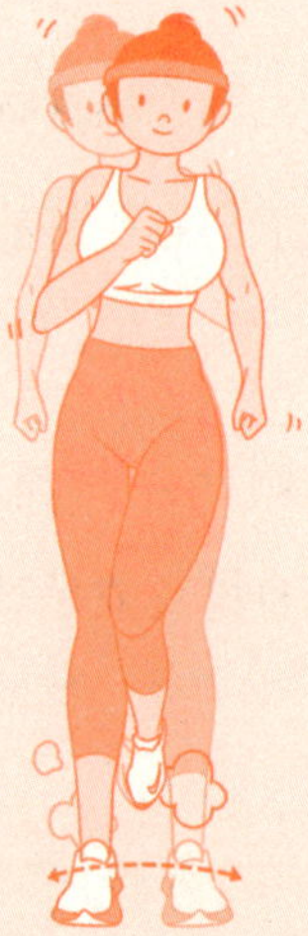

错误站姿换腿姿势示意图

当我们改变了跑步时腿部的发力方式，脚接触地面的时间就会自然而然地变短，脚着地时间越短，速度就越能加快。因为每次脚着地都会和地面产生摩擦力，着地时间越长摩擦力就越大。打个比方，磁悬浮列车就是将摩擦力变小，从而速度就会变得更快，因为阻力变小了。因此，我们通过拉起这个动作让脚接触地面的时间变短，跑步也会变得更加轻快。

Step2：找到腿部拉起的感觉

找到拉起的感觉有两个方法：一个是找朋友帮助做肌肉对抗动作，激活大腿后侧肌肉。另一个需要道具弹力圈，自己就能做。因为大腿后侧肌肉用得相对较少，很多人都不会用它发力，所以需要特殊的激活。一旦有意地训练到大腿和臀部肌肉，腿部和臀部肌肉线条都会特别好看。而那些用力蹬地跑步的人，大腿前侧肌肉可能会更加发达，因为他在不断重复用大腿前侧的肌肉进行蹬地和抬腿。

先说第一个动作，你需要找一个朋友和你一起做“双人对抗拉起”，来帮你激活大腿后侧的肌肉。

同样，先跑 30 米，记住现在跑时的状态，看看一会儿学会拉起动作后会不会突然变得轻松。跑完后原地弹性站姿站好，膝盖是微屈的。最后，一只手扶在固定物体上，比如墙，这样会更好发力。然后把一只脚直着拉向臀部，脚在拉起时前侧一直贴着另

双人对抗拉起示意图

一条腿裤子中间的位置。朋友的手在脚拉起到小腿中间的位置时往下按，和你的力量对抗住，你依然保持用力往上，这时去找大腿后侧发力的感觉，有的人需要多试几次，有的人很快就感觉到大腿后侧发力的感觉。有些人找不到感觉可能是小腿肌肉太紧张，先放松脚踝和小腿再做，并且注意做的时候腹部和臀部都要收紧。

找到感觉后，自己可以体会用大腿后侧发力将脚从地上拉起到臀部下方。每条腿做 10 次，然后换腿。这时再跑 30 米看看是不是会轻松很多，而且会感到很轻松脚就拉起来了，位置也高了。前期，每次跑步前都要做，持续找到大腿后侧发力的感受，可以每条腿各做 10 次。一共做 3 组。

找到拉起感觉的另一个方法是利用弹力带。

弹力带拉起也是类似的方法，先把弹力带一侧踩在一只脚下，然后另一侧绑在另一只脚脚踝的位置。然后做拉起的动作，因为弹力带有阻力，也能很快找到大腿后侧的感觉。然后和第一种方法一样，做 10 次拉起动作后换腿。

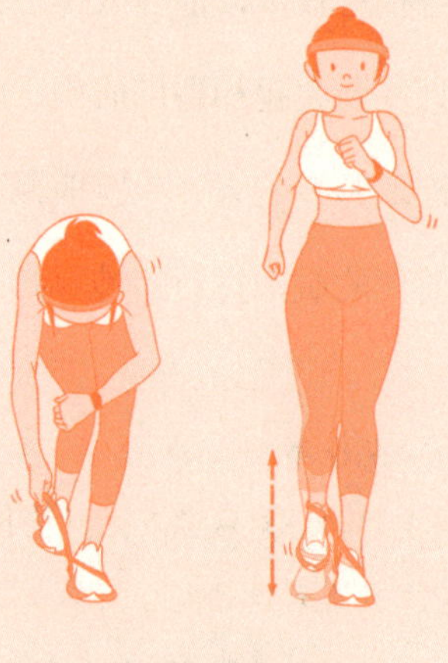

弹力带拉起脚部示意图

Step3：把拉腿迁移进跑步姿势里面

知道跑步时腿如何发力了，我们再回到之前的单脚站立动作，看看换腿时如何做到不蹬地跳。

正常情况从左腿单腿站立切换到右腿单腿站立，注意力是放在让右脚着地上。那我们换一下思考逻辑，在左腿单腿站立的时候，让自己把注意力放在将左脚从地上拉起来上。大家试一下，是不是就不会再跳那一下了？然后先从原地走路开始，试着让自己的重心平稳，再慢慢地原地跑起来，依然保持重心的平稳。是不是感觉和原来不一样了，并且轻松了？

学会了腿部拉起的原地跑，以及带着你往前跑的“重力跑”，你会发现用新的方法再去跑步，整个感受都有变化。整个人从“坐着跑”变成了挺直跑，而且跑起来会很轻松，脚着地的声音也很轻，跑起来腿的感觉像风火轮一样转了起来。

这里再强调一下，前脚掌和全脚掌着地是重力跑的自然结果，不用重力跑的跑姿是强行将前脚掌和全脚掌着地，很容易变成踮脚跑，脚依旧在蹬地，还会拉紧踝关节周围的肌肉或是肌腱，更容易受伤。

03 从头到脚所有跑姿相关的知识要领

3.1 合适的步频

重心训练和腿部拉起训练能让你找到大腿后侧发力的感觉，学会“重力跑”。大腿后侧肌肉激活以后，你不但会跑得更轻松，步频也会随之提高。所以，当我们调整好了基本跑姿，就到了要调整一下跑步步频的时候了。所谓步频，就是每分钟脚着地的次数。有的手机运动APP或者心率手表都能实时测出运动中的步频和一次运动中的步频变化，心率手表的数值会更准确。

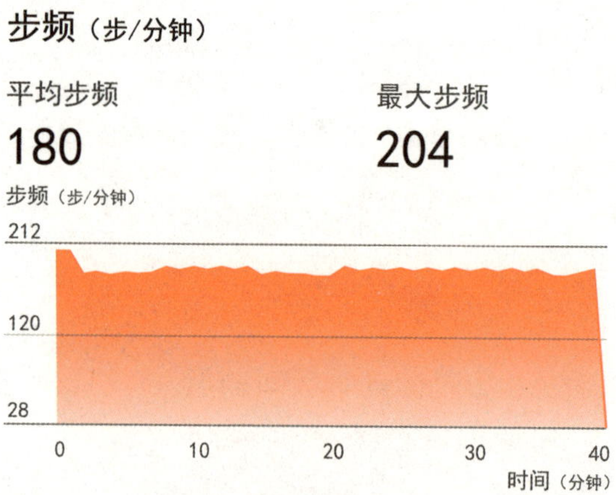

步频曲线图

提高步频的好处

提高步频主要有两点好处：一是有效防止受伤，二是可以跑得更省力、提速更快。

为什么步频高能防止受伤呢？很多人会觉得着地次数更多，不是更容易受伤吗？但实际上脚着地的时间间隔越长才对足部的压力越大，着地时间间隔越短，对足部的压力反而越小。

小拓展：关于足部压力的小实验

可以做一个小实验感受一下，用右手的食指快速戳左肩膀 20 次，就像以前的发报机一样，哒哒哒的速度，很快戳 20 下。感受左肩膀肌肉和皮肤被戳 20 下的感受。然后再戳 20 下，这次速度慢一半。是不是这次会感觉肩膀承受的压力更大，肌肉和皮肤更疼了呢？原因就是速度慢时肩膀承受的压力时间更长，压力积累就变得更大了，像按摩一样，按摩师需要缓慢地发力才能把力量带到肌肉组织里。

即便只是站立，时间长也会造成足部的伤害。我认识一些做手术的外科医生，4 小时以上的大手术，站在那里，脚几乎不动。长此以往，他们就会很容易出现足底筋膜炎的症状，这就是肌肉无法承担这样长期积累的压力而出现的问题。

什么步频合适？

我的建议是 180 步 / 分钟以上，这个标准最早是由丹尼尔斯博士提出的。

杰克·丹尼尔斯（Jack Daniels）是威斯康星大学麦迪逊分校运动生理学博士，他自己曾在男子现代五项中赢得过两枚奥运会奖牌，一枚世界锦标赛奖牌；而作为奥林匹克运动员教练，他执教并指导过世界顶尖的长跑运动员，被《跑者世界》誉为“世界上最棒的跑步教练”。他在著作中提到自己在1984年的洛杉矶奥运会期间，每天都在跑步比赛赛场观看不同跑者比赛，并计算他们的步频。他共记录了50多位男女跑者的步频，比赛的距离从800米到马拉松都有，在所有跑者当中只有一位运动员的步频低于180步/分钟。经过研究，他发现步频180步/分钟能有效减小着地时的冲击，所以在书中不断强调跑步时的步频一定要落在180步/分钟。

我一个朋友的孩子，体育老师觉得他跑步太慢了，告诉他想要提速就要增大步幅、迈大步。但他增大步幅之后速度却更慢了，因为过度跨步实际上会有减速的效果，还更耗体力。孩子因此丧失了跑步不断加快速度的乐趣，还非常苦恼为什么自己越努力，却跑得越慢、越累。我带他训练的时候，第一步就是要他先提高步频，他一下子就感觉到提升速度其实很轻松，也有了继续尝试的兴趣。

慢跑是否会导致步频无法提升?

但不要以为慢跑就无法达到 180 步 / 分钟的步频，跑步速度和步频的关系并不大。很多跑者在听说科学跑步需要达到“高步频”的观念之后，却发现自己在实际运动过程中速度会不自觉地变快，结果就超出本来的能力，愈跑愈难受，也因此会感到疑惑:“我是不是不适合高步频?”跑步的速度受“步频”和“步幅”的影响，在步频相同的情况下，步幅越大，跑步速度越快，或者步幅相同的情况下，步频越高，跑步速度越快。所以在提高步频后如果要维持原来的速度，那么步幅就必须要相应调小。刚开始跑步的人，可以从小步幅高步频开始，习惯后也能帮助解决过度跨步、蹬地和重心上下起伏过大等问题。因为步频越高，越没时间蹬地，就能变得更轻松，发生运动伤害的概率会变小，但并不是越高越好，有的人步频超过 180 步 / 分钟后心率也随之提高。想找到步频 180 步 / 分钟的感觉，可以去“QQ 音乐”或者“喜马拉雅”里搜索 180 步 / 分钟步频的节拍，踩着节拍跑很容易达到。

3.2 其他部位需要注意的姿势

跑步是全身运动，所以除了前文提到的关于臀腿的姿势，跑步时还要注意身体其他部位的姿势。

头部

跑步的时候眼睛最好平视正前方，不要低头，否则会给颈椎产生压力。如果你是在跑步机上运动，不建议长时间看跑步机的屏幕，因为很多跑步机的屏幕是在视线斜下方，看屏幕时要低头，也会给颈椎带来压力。

另外，很多人日常工作时，头是向前探出去的，当养成这种习惯之后，头一收回来就变成一种微微仰头的状态，虽然目视前方，但是下颚是微微抬起的，这样也会给颈椎带来压力。我的一个朋友就是这样跑步的，后来来问我，为什么跑完步脖子和肩胛骨都不舒服，其实就是因为他跑步的时候微微仰头，给颈部、肩背持续造成压力，时间长了肯定会不舒服的。所以平视前方还不够，还要记得下颚微收。

摆臂

有些人在跑步时左右摆臂或者上下摆臂的幅度特别大，这样是在额外地消耗力量。跑步是个向前的运动。如果你在跑步中手过度地上下摆，会导致你的肩膀上下晃，或者肩膀左右旋转，从而大大地减少你跑步向前的动力。

所以，在跑步的过程中，手往上摆时最高摆到胸部中间水平线的位置，往后摆到腰附近就差不多了。从正面看，摆臂不要超过身体的中心线。当摆动超过身体中心线的时候，身体会开始出现旋转，向前的动力会减少。另外，屈肘角度要略小于 90 度，这时候摆起来是最轻松的。

摆臂高度示意图

脚

很多人对脚究竟要拉起多高存在疑问，其实速度不同，抬脚高度是不同的。比如轻松跑脚拉起的高度差不多是小腿的位置，节奏跑的时候大约是膝盖的位置，间歇跑的时候是膝盖往上的高度。我们会在后文讲一下具体什么是轻松跑、节奏跑和间歇跑。

抬腿高度示意图

另外，跑步的时候脚踝不要紧张，越放松越好。

最后再强调一下，跑步的时候膝盖和脚尖最好都是朝向正前方。跑步时膝盖向内、脚尖向外，会给膝盖带来很大的压力，时间长了，关节容易受伤。

Chapter

06

被忽视的跑步心理学

掌握正确的跑步姿势之后，可能你已经跃跃欲试，准备穿上跑鞋出去练一练了。但还有一种可能，那就是，你还是不敢跑。一想到过去体测 800 米喘不上气的痛苦，你就开始犹豫了；一想到之前跑步就没坚持下来过，你就打退堂鼓了。怕跑，迈不开脚，是因为我们忽略了跑步前的另外两项关键心理准备：一个是跑前心理状态的调整，排除畏难情绪；另一个是找到持续跑下去的动力。

在这个部分，我们有两个目标：一方面我们要解决动力问题，破除原本跑步的痛苦印象，找到跑步真正的驱动力；另一方面我们要解决如何持续跑下去的问题，不再逼迫自己跑步，而是穿上跑鞋就能跑，让跑步自然发生。

本章将以以下顺序展开——

01 清除内心障碍，不害怕

02 找到你的真实动力，跑起来

03 学会获得一种习惯，跑下去

04 胸有成竹，整装待发

01 清除内心障碍，不害怕

1.1 听见身体的抗议

如果你曾经在跑步中感到痛苦，很可能会对跑步心怀恐惧。一旦开跑，就必须与内心那些“好累”“我不行了”“我跑不下去了”的声音对抗。

我也有过相似的体验，但在听过徐国峰老师的课之后，我学会了接纳这些声音，并把它们看成是一股必要的力量。徐老师在课上把我们每个人和身体相处的过程比喻为驯马。有两种方式能让人顺利地骑上野马：一种是恼威并施，一种是轻声马语。恼威并施就是逼迫、吓唬马，拿鞭子一直抽它，等马筋疲力尽之后就骑上去。这个时候，马已经没有力气反抗了，你就可以驯服这匹马了。很多人跑步也是这样，逼迫自己，脑海中的鞭子抽个不停。我刚开始跑步的时候也是如此，跑不到 40 分钟，我就逼迫自己，咬着牙坚持以便跑得更久一些。可能几周时间过去，我一次也能跑到 40 分钟，这时身体也就被我驯服了，变得更强了。

这个方法不是很好吗？从短期看，这个方法确实有效，但它无法解决长期问题。因为马打心眼儿里不喜欢你，你越逼它，它就越讨厌你，而且会用各种方式和你对抗，稍微不小心，就可能把你从马背上掀翻下来。马是很聪明、很有灵性的动物，不喜欢被一直逼迫、恐吓。徐国峰老师这个比喻挺巧妙，我们的身体就像一匹野马，而我们内心那些“不行了”“快停下吧”，是身体对我们发出的求救信号。

但人往往忽视内心的声音，身体感到劳累，不再好用、不能有求必应，我们就会指责它，会生气、会愤怒，逼迫它直到它筋疲力尽。要知道，你的身体也和马一样，不喜欢被虐待，不喜欢被逼到极限。你的身体也会用各种方式和你对抗，下一次运动时，你就要消耗更多能量来说服自己的身体。你的身体会一次次记住筋疲力尽的痛苦，会强化你对跑步的抵触，甚至引发恐惧，形成恶性循环。

所以碰到自己打退堂鼓、不想去跑的时候，别再一面骂自己，一面逼自己去跑了。我们可以先了解身体的感受和需要，重视身体反馈给我们的信号，并且掌握身体的语言体系，进而去调整自己的心理状态。

1.2 与身体对话

还是以“与马互动”为例，专业的人，会“轻声马语”。因为马非常胆怯和害羞，除非它一出生就与人接触，不然它一见到人就会跑。马语者会拿着响片，走到离马 10 米远的位置，如果马不动，他会轻轻说：“我走到了 10 米远的位置，你可以保持站着不动吗？可以，很好。我按下响片就走。”然后慢慢把彼此之间的距离缩短到 8 米、5 米，直到马的身边，一直让马有充足的安全感和掌控感，它不喜欢可以随时跑走。这时马语者会抚摸马几下，马就不会感到害怕。“轻声马语”的秘诀就是一直和马进行沟通，甚至将沟通的主动权完全交给马。对抗感少了，自然能和马成为伙伴。当谈到身体时，则应该相应地了解身体的运作机制，慢慢让渡一部分权利给身体。

所以，在跑步之前的准备工作中，必不可少的就是放轻松。一是身体放松，二是大脑和神经系统放松。

身体放松，即在跑步中运用轻松跑的跑步姿势，并配合合适的运动强度。什么是合适的运动强度？让你“嗨”而不是让你“怕”的强度，就是合适的强度。

我最早是在带知名天使投资人徐小平老师训练的时候发现这一点的。当时我也觉得一分耕耘会有一分收获，为了能让他的身体状态更好，就把每次一小时的训练安排得满满的，看到他满头大汗，上气不接下气，我觉得才是对他负责。

但是之后我发现，每次练到他精疲力尽以后，他就好长一段时间不找我训练。练得越累，训练的间隔时间就越长。有一天，由于他之后有会议，只能练习半小时，结果训练完看到他状态特别好，心情愉悦、吹着口哨就走了，和以前累到精疲力尽垂头丧气的样子反差好大。

这件事情促使我开始反思，是不是之前设计的训练时间和训练量有问题？随后，我把徐老师的训练时间改成半小时，而且设计在他觉得身体状态最舒服、感觉充满力气、让人快乐的内啡肽激素也大量分泌的时候停止训练。训练结束时你猜他怎么说？他说我明天还想练习。

想要大脑和神经放松下来，需要我们先了解一下神经系统的工作方式。人体中有个交感神经系统，它能帮助人类或其他动物抵御各种危险，诸如严寒、脱水、天敌袭击等。我们运动时如果紧盯着目标，大脑会发出脉冲电波刺激交感神经，影响肌肉和内脏活动，产生诸如手心冒汗、心跳加快、呼吸急促、嘴巴发干等症状，也就是感觉紧张。但紧张并不能帮助我们表现得更好。你看任何比赛，越是紧张的运动员，越容易发挥失常，所以放松很重要。放松时只有参与运动的肌肉发力，思想上也没什么负担，成绩反而会更好。

我在带学员练习的时候，有时会让他们即兴来一次 200 米计时跑，要求速度要快，恢复好之后再让他们忘记速度重新跑一次，在自己感觉轻松又有点挑战的临界点再完成一次。这时我们往往会发现，在轻松的上限跑步，速度并没有降，有时比原来还快。大家是不是觉得不可思议？明明没刚才那么累，成绩怎么还会很好呢？

这是什么原因呢？因为第二次跑时我们掌握了科学的运动心理，而第一次跑时我们紧盯着目标，全身肌肉紧张，不该用力的肌肉也紧张，就把身体能量浪费掉了。做好自己的教练，就要掌握身体的语言，提供正确的奖赏；同时也要关注自己的大脑和神经系统，别让它们长期处于紧张的状态。

长时间的跑步，有人跑二三十分钟后可能会感到很累。但这种累也是一种主观感受，可以思考一下，是哪里觉得累？是呼吸很重，还是腿很酸？具体是腿的哪个位置？这么一问你就会发现并不是全身都累，调整一下累的地方，你很快就又会感到轻松了。

大家听过人生三问吗？你是谁？你从哪里来？你要到哪里去？跑步里也有类似的三个核心问题：我现在快不快乐？我是不是轻松？我的身体有紧绷或者疼痛的感觉吗？每问一次，自己就根据感觉再作调整，以此来提醒不要忽略自己的感受。我们之后也会说如何针对每个问题进行具体的调整。这些问题不光可以在跑步时问问自己，也可以在日常工作中向自己提问，让自己从无意识的状态中跳脱出来，看看有没有可能更放松，从而迸发更多灵感。

1.3 接纳内心的声音

你可能会问，上面提到的我都做到了，可还是会有自我批评的声音存在，怎么办？你要相信，我们也是可以和这种如魔鬼缠身般的声音共存，并且做到互不影响的。

我想跟你分享我最常用的两个方法。

第一个方法是闭上眼睛，想象有个小人儿手里举个牌子，你脑子里出现什么想法，那个牌子上就显示什么字。如果你没有想法的话，那个牌子上就是空白。如果你有想法，那个牌子上就有字显示出来。这样你就学会了观察自己的想法。即你把想法在那些牌子上具象化，它就跟你分开了，无法控制你了。通过这样的方式，可以摆脱自我批评的影响。

第二个方法是，有个思想实验叫作公交车心理实验，也可以帮我们免受自我批评的影响。把人生想象成开一辆公交车去往心仪的目的地，而你就是开车的那个司机。这车是你的，你要把这辆车开到心仪的一个地方去。但是这辆车沿途会上上下下很多人，有时候会上来一些“坏人”。这些“坏人”最大的特点是什么呢？他张牙舞爪，吓唬你，不断地欺负你，给你带来很多烦恼。但是他不会真的伤害你，不会抢你的方向盘，就是吓唬你。我们在人生当中会遇到很多不愉快的事，会有很多烦恼，它们就像这些“坏人”。“坏人”上了你那辆公交车，这时候请问你是继续开车，还是停下来跟他吵架？

如果你准备吵完了再走，那车就没办法儿开了，你这辈子就只能待在这个地方。但是当你坚定地说，我要去那个有意义的地方，我要开车，我要跑步。慢慢地你就会发现，这些“坏人”其实只是一只只虚张声势的小猫咪，并不能阻止你向前的步伐。通过这样的方法，你也能关闭“自我批评”。

一旦我们选择与内心的声音共存，我们可以立马进入“无自我”的体验中，进入心流时刻（Mental flow）。接下来，你将处于长达1—2小时的“瞬时脑前额叶功能低下”（Transient hypofrontality）的状态中。此时，你的前额叶皮层的大部分功能将处于关闭状态，所以“自我批评”的功能也将消失一段时间。

这时候，反倒是我们之前提到的令人兴奋的激素——去甲肾上腺素和多巴胺，成了精神和身体状态的主导。在国外，已经有很多个人和组织发

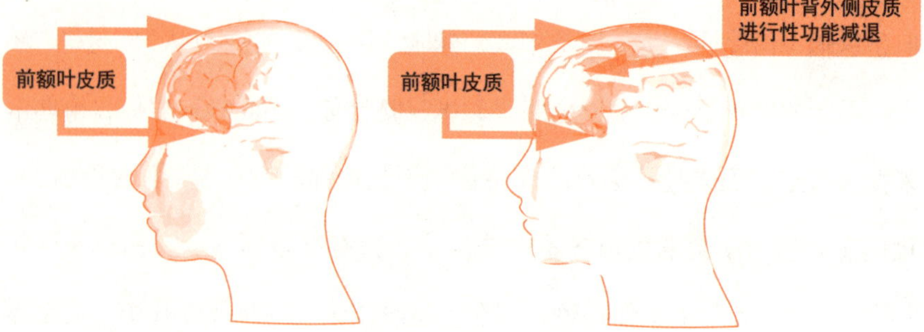

瞬时脑前额叶功能低下

现，人可以利用这种状态的转换，来确保万无一失地实现目标，其中就有美军执行最艰难任务的海豹突击队和写出《心流》一书的米哈里·契克森米哈赖。当然，跑步是项轻松的活动，并没有明确要完成的艰巨任务。掌握达到心流的方法，是为了从高处进行降维打击，最大程度地保证我们的跑步体验处于最优状态，维持心理能量。

与内在批评的声音和解之后，我们将不再惧怕跑步，但有可能仍然缺乏一个足够强大持久的驱动力，让我们持续不断地跑下去。怎么办？答案很简单，就是找到自己跑步的真正目标。

接下来，我将会与你分享一个很好的操作模型，用在我们跑步、工作中都特别合适。掌握这套模型，你就可以一步一步正确引导自己，找到自己跑步的真正目标，制订适合自己的跑步方案，成为自己的教练。

02 找到你的真实动力，跑起来

作为跑步教练，我尝试了非常多的方法来激发学员的跑步动力。在众多方法中，我认为约翰·惠特默爵士在《高绩效教练》一书中提出的“GROW”模型非常有效，并且很容易习得和应用。这个模型最精妙的地方在于，通过一系列的提问，让人深刻地理解到改变和实现目标的责任在自己身上，从而激发出自己最强的内在驱动力。

“GROW”实际上是四个英文单词的首字母缩写，这四个单词分别是：Goal（目标），Reality（现状），Options（选择），Will（行动意愿）。

GROW 模型

运用这个模型激发学员的跑步动力的时候，我将 GROW 模型的四个步骤做了调整，使他们更适用于跑步计划的制订：

- 找到自己跑步的真正目标
- 分析自己的现状
- 寻找适合自己的解决方案
- 列出执行计划，强化自己的行动意愿

Step1：找到自己跑步的真实目标

很多新手教练都会面临一个困境：学员经常没练几次就放弃了。我刚做教练时，也不懂如何才能让学员们来坚持上课。但通过不断地探索和学习，我摸索出来一套方法，让越来越多的学员能轻松地把训练坚持下去。我的方法里最关键的一点是：先帮助学员找到跑步的真实目标。

为什么要跑步？我通常听到的答案是想要减肥，想要健康，等等。而我作为一名教练会追问："到哪一步时你觉得自己实现了这个目标呢？"学员一般会说成功减肥 10 斤、完成半程马拉松、体检指标正常等。在很多人看来，这些就是跑步这个行为的最终目标了。但事实上，这都只是附加的结果，而不是跑步的真实目标。真实目标的评判标准只有一个：是否能激发出你的动力。从这个角度看，减肥、体检达标、半程马拉松等都不是跑步的真实目标。因为真正享受减肥的人很少，推动一个人减肥的往往另有玄机。

我对我的一个男学员印象非常深刻，他刚刚成为我的学员时我问他，为什么想减 20 斤，他一开始用"想要变得更健康"这样的理由来搪塞。后来和他渐渐熟悉，他才敞开心扉告诉我，要减肥是因为太太总是用嫌弃的眼神看着他那一身肥肉，所以，减掉20斤只是他想要的结果，而获得太太的认可才是他真正的目标。

还有一次，喜剧导演李新老师找到我问跑步的相关问题，当我问到她“你为什么要跑步时”，她认真想了一会儿，告诉我是因为希望自己有个健康的身体，能很好地陪伴和支持她的两个小孩长大。当时听完我觉得非常感动，因为她的目标背后是一位妈妈平凡而伟大的爱，这种目标特别能激发出自身的动力。

只有找到真实的目标，激发出自身的动力，跑步时脑子里才有画面感——看到自己重获健康与活力，有十足的精力陪伴孩子成长之后，就忍不住要跑起来。这是为什么呢？

原来，相比于用道理去说服自己，人类大脑更容易按照情绪的感知推动行动，正如“听了再多的道理也过不好一生”一样。我们的大脑有三层，最里层是和其他动物一样的大脑核区生理脑，遇到危险有打、逃、僵住的基础反应，关注点是生理安全，特点是反应快；第二层是大脑边缘系统，也叫作情绪脑，关注点在情绪和感情上，容易走极端，就只有喜欢和不喜欢两个选项；最外层是大脑皮层，也叫思维脑，负责理智和智力，视觉投射和视觉推理。

想要理性，得先过感性这关。理智常常会被情感打败，所以想让自己乖乖行动，必须让情绪脑产生喜欢的情绪，一想到这个画面就很开心，理性的说服才会真正被采纳。GROW 模型中的“目标设定”就是要帮助我们找到真正的动力，想象真实目标实现的画面，就能全身心投入了。

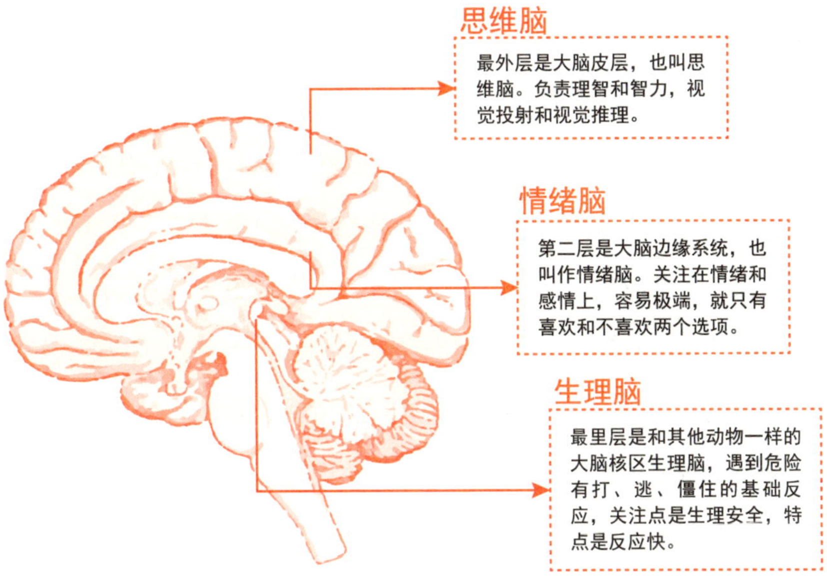

三脑理论

Step2：分析自己的现状

帮助学员找到自己跑步的真实目标之后，就进入到 GROW 模型的第二步。我会问学员几个问题来了解他们当下的状态。比如，“你现在已经开始跑步了吗？一周跑几次呢？”“跑下来感觉如何？跑完感觉更轻松还是更难受了？”“如果你感觉更难受了，有没有想过用什么办法来调整？”

这一系列的问题都是为了帮助学员了解自己的现状，更有针对性地发现问题，最后才能找到更好的解决方案。因此，正式开始跑步前，你也可以通过问自己这些问题来了解自己的现状，而不是浑浑噩噩地就胡乱开跑。

Step3：寻找适合自己的解决方案

买了健身房私教课的人常常会认为钱都交了，目标和方案都应该让教练来定，然而这样的想法并不利于我们实现健身的目标，只有相信“对自己负责才能让改变发生”，充分发挥主观能动性，制订与自己匹配的跑步计划才能让改变发生。罗伯特·西奥迪尼在他的经典著作《影响力》中反复提到：人人都有言行一致的愿望。用在跑步这件事情上，我们可以理解为如果跑步的目标是自己设定的，它实现的可能性就会更大。定下一个目标，就如同选择了某种立场，内心和外部的压力会让我们不惜一切代价来证明自己最初的选择是正确的，从而促使我们不假思索地按照先前承诺的去做。

当然，我还必须要提醒大家，在制订跑步方案的时候，千万不要忘了“只有轻松的运动才是有效的”这个理念，不要一味地贪多求快。如果你自己提出的运动方案是第一次就要跑 10 千米，那么当你逼着自己跑完这 10 千米之后，会浑身酸痛、几近虚脱，下一次开跑前，恐惧和逃避这些负面情绪会被激发，你的长期计划很可能就会失败。

Step4：列出执行计划，强化自己的行动意愿

当所有的行动计划都已经就绪，就只欠具体行动了。这个时候最重要的是理清行动的具体步骤，从而不断强化行动意愿。在这个阶段，我常常会问我的学员："下一步你打算怎么做？何时是下一步行动的最好时机？下一步的行动是什么？"通过这些问题，我和学员一起商讨出下一步具体要做什么，并表达我对他们的支持。这样一来，他们就犹如"箭在弦上"，穿上跑鞋，随时开跑。

在找到真实的目标（Goal）后，需要认清自己的现状，并做好充足的心理准备。心理这一层的准备不足，往往容易被忽视，这也是大部分人无缘跑步的真正原因，到这里才是跑步真正的起跑线。

最后，我附上一个问题列表（见下图方框中的问题），大家可以参照这些问题，将 GROW 模型直接运用在激发跑步潜能上，成为自己的跑步教练。

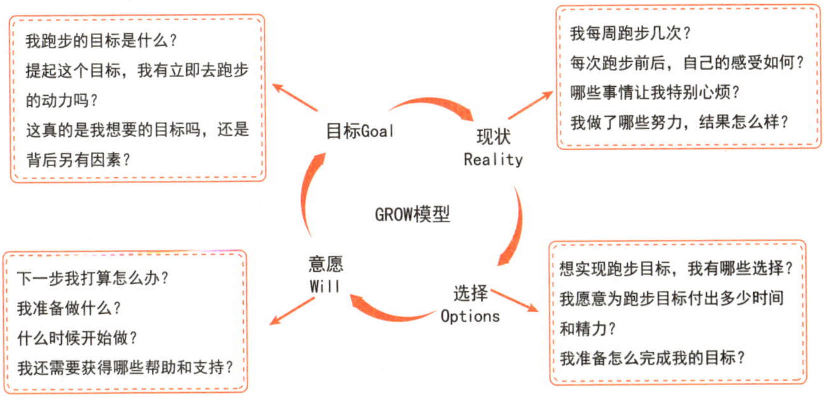

用 GROW 模型制订跑步计划

03 学会获得一种习惯，跑下去

3.1 习惯形成有套路可言

很多人看完了 GROW 模型可能还是会说：“我的生活节奏变化太快，计划总是赶不上变化。”“大饼画得再好，坚持不下来也是白费。”心里想着要去跑步，但身子就是躲不开手机和床。现在，我要告诉你如何养成跑步习惯，让跑步自然发生。

《习惯的力量》中，作者查尔斯·杜希格曾提到一个理念，叫作“习惯不能被消除，只能被替代”。也就是说，坏习惯是不会被抹掉的，但可以用一个好习惯把它替代掉。看上去难以执行的好习惯也可以为我们提供坏习惯带来的快感。理解习惯的养成链条之后，我们会更容易养成跑步这项终身有益的好习惯。

习惯链条是由暗示、惯常行为和奖赏三个关键点构成的，形成一个完整的习惯闭环。

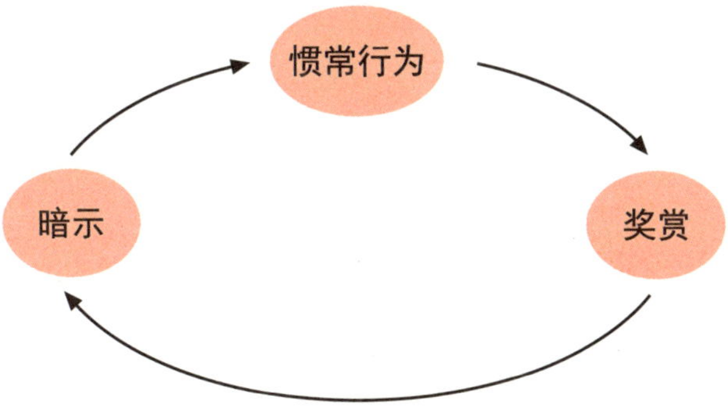

习惯链条

- **第一步，给自己一个暗示，当你看到某样东西，你的大脑中就产生了对某种奖赏的渴望，并且联想到能使自己获得奖赏的某个行为。**比如麦当劳的“M”黄色荧光牌是一种暗示，你看到它就会不由自主地流口水，那是一种对多巴胺的渴望，同时会想到通过吃炸鸡、薯条可以获得多巴胺的满足。

- **第二步，通过第一步的暗示，触发一个惯常行为，即做出一个我们自己可见的举动。**这个行为常常包含了一整套动作，例如一个简单的“刷牙”，就包括了拿起牙刷、挤牙膏、刷牙、漱口等动作。这套动作你执行得越频繁，调用它的难度就越小。“刷牙”经过成百上千次的演练，已经不需要任何的思考，甚至闭着眼都可以做到，而对于“跑步”，我们却十分陌生。

- **第三步，奖赏，即完成行为之后获得的物质奖励与精神奖励，能让**

你的大脑辨别出是否要记下这个回路，以备将来之需。一般大脑会偏好那些令我们感觉好的回路。

慢慢地，这个由暗示、惯常行为、奖赏组成的回路中对应的行为进行得越来越熟练，习惯就形成了。

3.2 跑步的习惯链条

我们来试着为自己养成更健康的新习惯，以出门跑步为例。

- **你的可能暗示**

可能是一双跑鞋，把跑鞋放在家里醒目的位置，最好离门口很近。当看到这双跑鞋的时候，你就会联想到自己跑完发微信朋友圈会有一大堆好友点赞的成就感，这是由多巴胺带来的；或者想起了跑完后大脑分泌内啡肽带来的幸福感，行动一触即发。

- **你的惯常行为**

穿上跑鞋走出家门等一系列动作。

- **你可能的奖励**

当你完成了跑步，你获得了渴望的奖赏，比如心情愉悦，大脑更记得住这个回路，下一次触发本行动将更容易。

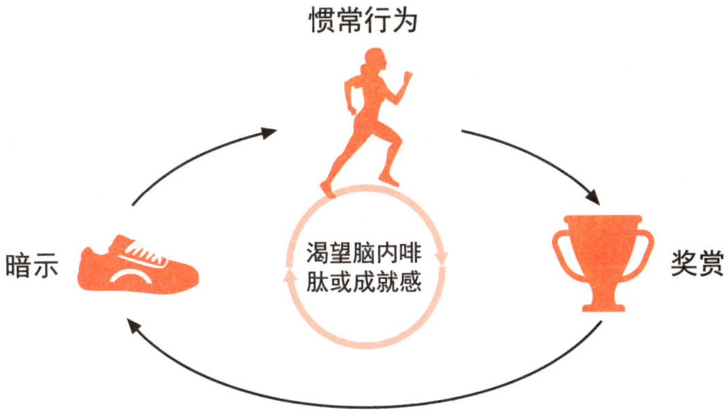

跑步的习惯链条

我们之所以一次次执行习惯动作，是因为大脑渴望最后的奖赏。奖赏不变的情况下，替换中间的惯常行为，就可以帮助自己形成新习惯。例如炸鸡和跑步都会带来多巴胺，所以当你渴望多巴胺的时候，可以不吃炸鸡，而是选择跑步，这时候，新习惯就养成了。

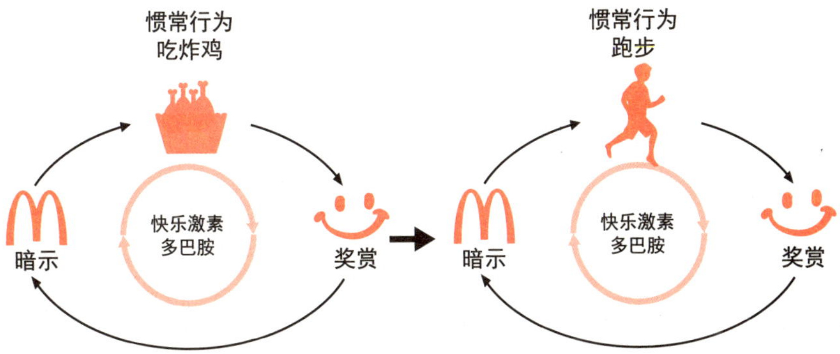

习惯只可被替代，不可被消除

但是在过去，我们养成习惯常常靠的并不是奖赏，而是惩罚。中国式教育通常会用恐吓来逼迫孩子进步，但这是反人性的，长期持续下去只会激发更大的痛苦和恐惧。我们千万不要用这种方式逼着一个人去跑步，说“你要是再不跑步，就会没有女生喜欢你”，或者“你要是再不跑步，就会胖死”，这些都不是帮助你养成好习惯的正确路径。

3.3 习惯养成的误区：惩罚

说到惩罚和批评，我曾经也是一个喜欢纠错的教练，总以为纠错多，学员收获才大，也更能体现我作为教练的价值。但听了功能性训练大师迈克·鲍伊尔的课程后，我的想法完全改变了。他说针对一个动作，最多和学员说三点要改善的地方，不可以再多。**他认为动作标准不是最重要的，最重要的是学员的信心。作为教练应该保护信心，而不是摧毁它。**有了信心才会更喜欢运动，才会形成运动的习惯，所以后来，我在线上跑步训练营里会不断地找出各种各样的机会，给大家称赞和奖赏。我会每天选择一个跑步优秀的学员，让他在群里分享自己是如何做到的，这样别人也通过他的分享获得启发，从而得到提升。后来，大家会越来越努力地想要成为当天的优秀打卡者。甚至好多次学员会为这个优秀打卡提前准备好多天，特别努力，并且将自己如何做到的方法分享出去以后，会让习惯保持得更持久。

迈克尔·约翰逊是1988年美国田径锦标赛包揽男子200米和400米两枚金牌的世界级运动员，他在自传《金牌之路：奥运冠军是如何炼成的》中记录了自己爱上短跑的过程。小学的时候，他赢得了50米短跑比赛冠军，看到妈妈一直在看台上鼓掌微笑，并向他点头表示赞许，这种美妙的感觉让他着迷。此后，每一次他赢得比赛就迫不及待地想回家，想听到妈妈夸奖多么以他为傲。迈克尔·约翰逊就这样发现了自己擅长的事——喜欢因为跑得快而得到关注。

如果你身边没有擅长鼓励的教练或朋友，没有关系，学会鼓励和肯定自己就行。只有认同和接纳自己，内心才不会有对抗和冲突。一起回想一下，你曾经获得的鼓励和肯定，回想一下那种开心和温暖的感觉。想让自己坚持做一件事情，不要用胁迫的方式，爱和鼓励才更有效。当你发现少了自责，就能省下不少力气，跑步和其他你想做的事情就会自然发生。你再也不用报班学习什么“21天养成一个习惯”，更不用想方设法证明自己意志力强大。

在跑步中看到自己每次完成的距离，不管是2千米还是20千米，都值得先给自己一个夸奖。同时，你可以在每次跑完后，把跑步的截图发到微信朋友圈里，朋友的点赞也是对你的夸奖。你还可以发掘更多的维度来鼓励自己，比如在自己跑的过程中，姿势觉得轻松，就应该给自己一个夸奖。甚至当你穿上跑鞋，准备跑步时就可以夸奖自己。

此外，鼓励自己的过程中也存在三个误区，如果陷入这些误区，就会起到反效果，影响跑步计划的实现。

- **不要用物质和金钱奖励自己**

千万不要把奖励与金钱挂钩。哈佛大学的迈克尔·桑德尔教授在《金钱不能买什么：金钱与公正的正面交锋》这本书中写道，金钱奖励有两个弱点：第一个弱点是边际递减效应。比如我坚持跑步一个月就给自己买个礼物，或者吃一顿大餐，但如果下个月、下下个月还是这样，就没有感觉了，反而会消减之前的动力；第二个弱点是让你忽视做这件事情本身的意义，每次都用钱或物质奖励自己跑步，会影响我们从跑步本身获得乐趣，得不偿失。

- **不要与他人比较**

在跑步和减肥的过程中，我们总是习惯于去和别人比较，比完之后就容易产生攀比心，打乱自己本来的节奏，变得贪多求快，最后让自己陷入惩罚跑的恶性循环当中。比起别人的成绩，更重要的是我们自己在跑步当中的快乐和收获，我们可以把关注的焦点放在发现跑步过程中自己的进步上（比如，身体更加放松了，抬腿的高度做得更好了），这样就会进一步强化过程中的成就，让我们跑得越来越轻松，越来越自信。

- **不要在表扬后面说“但是”，表扬是对自己的奖赏，而奖赏最大的**

敌人就是紧随其后的“但是”。

比如“我今天跑完了 3 千米，但是还不够快”。虽然这看起来是在奖励之后提建议，但本质上是一种否定。那什么时候可以给自己提改进建议呢？我们需要另找一个时间用来复盘和整理自己待改进的地方，但千万不要把奖赏和负面反馈放在一起，否则会让表扬变味。

04 胸有成竹，整装待发

正式开跑之前，我们来聊一聊很多朋友关心的跑鞋、心率表和衣服的话题。

4.1 选择适合自己的跑鞋

一双好的跑鞋，不仅可以让你在跑步过程中更舒适，而且还能减少受伤的风险。

选跑鞋，首先要足够了解自己的脚，其次也要了解跑鞋。选择跑鞋可以从三个方面考虑：缓冲性，包裹性和透气性，控制性。

第一，缓冲性。是看鞋跟这个位置的材料够不够软，够不够有弹性。各家跑鞋厂商都在缓冲材料上投入很多研发力量，以帮助我们在较硬的路面上获得更好的缓冲效果。选鞋时用手去感受鞋底的弹性，试鞋时可以慢跑一段看有没有足够的弹性，特别软的鞋底没弹性，反而不适合跑步。另外，水泥地是路跑中最差的路面，硬度比公路高，弹性比公路差。在水泥地上冲击力高，容易受伤，建议穿着缓震高、弹性好的跑鞋，或者尽量避开水泥地跑步。

第二，包裹性和透气性。我们在长跑的过程中会产生大量的热气和水蒸气，穿着不透气的鞋子会非常难受。还有人问我穿布鞋走路很舒服，跑步行不行。穿布鞋跑步在包裹性上就比跑鞋差了很多，跑步时着地容易滑动，一会儿脚就会把鞋前面捅漏。

第三，控制性。跑步的时候经常会出现足内翻或者足外翻的情况，需要跑鞋的鞋底提供一个支撑的结构，去避免过度的内翻和外翻。可以通过看跑鞋的足弓内侧有没有提供额外的支撑结构来判断鞋的控制性，鞋的这个支撑结构决定了鞋是不是容易被掰弯，如果能被掰弯就说明没有控制性。除了鞋底的材质和结构，还要看到鞋底的面积。一般来讲，鞋底面积越宽，提供的控制性就会越好；鞋底面积越窄，提供的控制性就会差一些。当然，鞋底越宽，也就意味着鞋子越重。如果你选择快跑或者比赛，宽鞋底的跑鞋就不如鞋面鞋圈更窄的鞋，因为鞋底宽的话会影响跑步的速度。

亲自试鞋和系鞋带很重要

选完鞋的品牌和功能，买鞋的时候也一定要亲自试一下大小。因为每个品牌，甚至这个品牌的每个系列的尺码都有细微差别。建议试鞋的时候，让脚跟和鞋底、鞋跟贴靠，这时保证脚尖到鞋顶还留有一食指宽的距离；同样脚尖顶到鞋尖时，脚后跟到鞋底同样该留有一食指的距离。因为跑步时间长，脚会变肿一些，如果鞋刚好和脚一样大，那后期可能挤脚，甚至把脚趾甲挤黑。

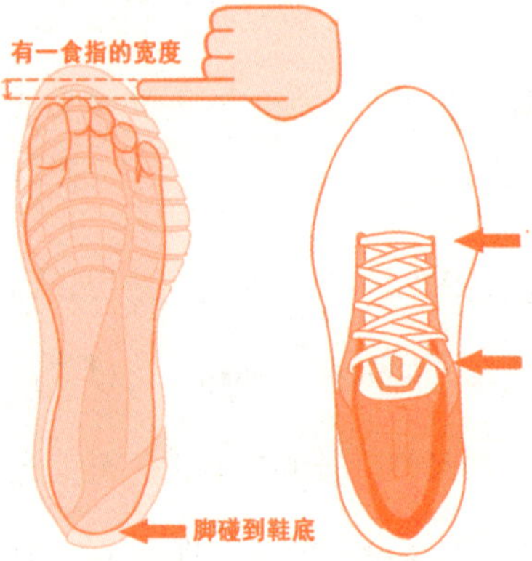

正确穿鞋的方法

最后还要说一下如何系鞋带。这项技能看起来每个人都会，但是跑步时确实有些细节要注意。首先，最下面的鞋带放松，别系紧。这样前脚掌和脚趾会更加放松，更容易发力。如果系得像一个窄头皮鞋那样紧，就容易把小脚趾向里面挤变形，非常不舒服。其次，最上面脚踝位置的鞋带要系紧，这样脚踝的包裹性就会很好，着地时脚也不会向前滑，顶到鞋尖。这是我牺牲了一个指甲盖儿才获得的宝贵经验，希望你在受伤前就明白这一点。

另外，还有读者想知道如果足弓有问题如何选鞋。比如我就是扁平足，有扁平足的人，关键不是选鞋，而是通过足底训练，以恢复支撑的能力。我通过足底恢复训练，现在能穿各种鞋，不再产生依赖性。另外，有些喜欢跑步的人出现脚面疼痛现象，这有时也和足底筋膜力量出了问题有关。另外，足底力量好，脚趾能发力，同样也有助于臀部更加收紧。我有一位女性学员，之前由于习惯穿高跟鞋或是尖头鞋，导致拇指外翻，大脚趾下面的位置出现了一个包。在这种情况下，大脚趾无法有效抓地，而大脚趾的神经是一直连到大腿后侧的，大脚趾无法有效地发力，那臀部收紧的能力也会降低。如果是职业体操运动员，大脚趾出现问题，就要面临退役，因为这个问题会影响很多动作。如果出现拇指外翻，就先戴分趾器，帮助脚趾恢复功能。

扁平足，或是存在足底肌肉筋膜力量出现问题引起的足底肌肉不适，可以通过跑步前做脚趾操来帮助缓解疼痛。这个是最初级和最简单的脚趾操——石头、剪刀、布。若没有经过训练，很多人做剪刀是有困难的，石头也不容易攥紧。别着急，慢慢重复做就会有改善。跑步前剪刀石头布算 1 组，每只脚 10 组。

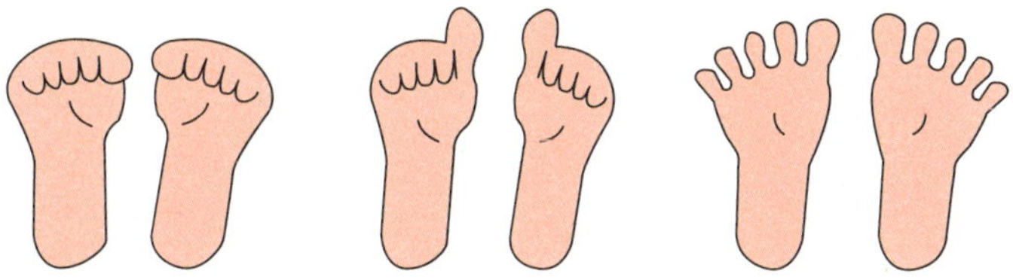

石头、剪刀、布脚趾操

4.2 佩戴数据化装备——心率手表

常见的心率手表和手环都可以用来测量心率，它们通过测量出你的

1 分钟心跳次数，从而估算出你当前的运动强度。近些年来智能穿戴设备越来越多，很多人不知道购买哪款手表。我评测了很多款之后，认为华为和佳明的心率手表比较值得信赖。华为的性价比很高，跑步中使用方便，显示的内容很清楚；佳明的心率手表更专业一些，因为佳明还生产飞机的 GPS 等尖端设备，但操作起来更复杂一些。相较而言，华为拥有手机操作界面，体验更好。

4.3 女性要选择合适的运动内衣

对于女性跑者来说，除了鞋子之外，还要特别关注一下运动内衣。强调一下，女生跑步的时候运动内衣是很必要的装备。运动内衣能为胸部提供专业保护，因为乳房组织没有肌肉，只有韧带和皮肤起主要的支撑作用，起支撑作用的乳房悬韧带一旦受损几乎是不可逆的。

运动内衣一般可以分为低、中、高三种支撑强度，分别对应三种运动强度。大多数的品牌，也都有三个支撑等级的运动内衣：低支撑、中支撑、高支撑，对应选择就好。

不同运动强度对应不同内衣强度

调整好心理状态，掌握重力跑的科学姿势之后，我们就已经为跑步做好了身体和心理两方面的准备了，可以正式进入到轻松跑步的训练当中了。那么，具体应该怎么练呢？如何跑得更快、更久，从零基础到完成半程马拉松甚至全程马拉松呢？我们将在接下来的一章中详细为您介绍。

Chapter 07

人人都可以轻轻松松跑步

在 10 年的职业生涯中，我曾经见证过许许多多人从跑 500 米都会累趴到能轻轻松松完成半程马拉松，他们站在起点时内心充满了怀疑，跑到终点后却认识了一个全新的自我。这场借助跑步实现的蜕变，使很多人意外收获了更加充沛的精力、更强大的执行力、穿衣服更好看的身材和对生活更多的热爱与感恩。

接下来，我会介绍给你准备马拉松比赛需要的所有训练，如果你是有志于完成马拉松比赛的跑友，我还为你准备了详尽的训练计划。

如果你是一个跑步小白，我建议你重点看轻松跑部分。好好跑步，你早晚都会加入马拉松的队伍，到时记得再回过头来翻看！

本章将以以下顺序展开——

01 目标分解，小步进军马拉松

02 谁都学得会的“轻松跑”

03 跑得更快——“间歇跑”

04 跑得更远——“耐力跑”

05 跑得更久——“马拉松跑”

01 目标分解，小步进军马拉松

很多人平时爬个楼梯都气喘吁吁，如果问一句“你有没有想过自己也许有一天能跑马拉松”，他一定会觉得这是在痴人说梦。在大部分人眼里，“马拉松”这三个字这辈子都与自己不会有任何关系，即使有，也顶多是做个在路边为选手加油的观众。不要说马拉松了，当我们看到朋友因为坚持跑步而收获了美好的身材、健康的身体时，往往也只有羡慕嫉妒的份儿。

然而，在10年的职业生涯中，我曾经见证过许许多多人从跑500米都会累趴到能轻轻松松完成半程马拉松，他们站在起点时内心充满了怀疑，跑到终点后却认识了一个全新的自我。这场借助跑步实现的蜕变，使很多人意外收获了更加充沛的精力、更强大的执行力、穿衣服更好看的身材和对生活更多的热爱与感恩。

接下来，我想先为大家讲一下我陪伴一位学员从0到1完成马拉松的完整历程，而里面涉及的所有跑步技术和心理准备，我都会在这个部分精准细致地交付给你，这些都将帮助你成为自己的跑步教练。

我的这位学员是一位工作忙碌的中年人，之前没有锻炼的习惯，听到跑步头皮都会发麻。第一次跑步课上，我教他跑步的正确姿势。学会了正确姿势，他发现跑步原来可以如此轻松，信心有了，每次运动都带着微笑。但因为缺乏锻炼，跑步速度很慢，跑完1千米需要10分钟，这跟正常人走路没什么差别，他有点儿怀疑自己运动能力太差，于是我陪他一起跑，一起让速度慢下来，他就可以把注意力放在保持轻松跑的心率上。血液快速流动让他身体温暖起来，排汗让他感到畅快淋漓，多巴胺分泌带来了美妙的快感。在他习惯性提速的时候，我会提醒他要慢下来。第一次跑完，他面色微微红润，感觉不累，还很舒服，我就知道他下次还会想跑步。之后，我帮他制订了一个计划，告诉他每周要跑几次、跑多长时间、以什么强度跑。

每次收到他的打卡，我做的第一件事是设法找到他哪里完成得好，不管是完成的时间缩短了，还是心率更加平稳了，我都会找到优点来夸夸他的努力。学员受到了我发自真心的赞赏，就自然而然地想要做到更好，而且也知道自己哪里做得好。之后，我告诉他还有哪些提升的空间，告诉他怎么做能够达成，并期待看到他的下一次打卡。他开始喜欢上打卡。进入一个自己不熟悉的领域，最重要的是建立信心。

轻松跑进行了1个月左右，我发现他对跑步开始上瘾了，经常在微信朋友圈发跑步的数据截图。接下来就需要挑战一个更高的目标了，我说:“咱们选一个跑半程马拉松的时间吧。”他很惊讶:“怎么可能？我这才能连续跑3千米，怎么就要跑半程马拉松了，我能行吗？”我说:“相信我。咱们半年时间肯定没问题，我陪你去。”什么时间能跑半程马拉松，我是根据学员的身体状态推算的，每个人略有不同。设立目标是为了让学员想象一个自己跑完21千米之后庆祝的画面，看到更轻盈强大的身体，完成一个自己之前连想都不敢想的目标。渴望会增加动力。在这之后，他整个人开始向着目标前进。

接下去就是间歇跑训练。间歇跑是短距离的快速跑，很多成年人长大后就再也没有跑步冲刺的体验了，忘记了孩童时玩闹拼命奔跑的感受。但找到这种久违的感觉时，身体和心里都会感到特别的痛快。我鼓励他，“做孩子的感觉找到了吧，是不是身体也变得年轻了？”间歇跑要建立在之前轻松跑的基础之上才可以，不然会受伤。

具备了间歇跑的提速能力，就开始节奏跑，以练习速度和耐力。开始时快速跑4分钟走1分钟，有信心后慢慢拉长时间，直到能快速跑8分钟走1分钟。每次拉长1分钟，并且成功实现制订的目标，使他的信心明显增加了。

最后一步是为跑马拉松做准备。很多人觉得比赛前就是要加强训练，甚至要先跑两个 21 千米，才能跑半程马拉松。但实际比赛前最重要的是休息，让身体缓解过去高强度训练的积累，并且为比赛储备能量。最后，这位在赛前最长只跑过 7 千米的学员，顺利完成了半程马拉松比赛。并且，跑完半程马拉松的第二天，他能轻轻松松地投入到工作当中，完成了一次万人演讲。相比之下，与他一起跑步的年轻人却一个个累到爬不起来。

听完这位学员的故事，你是不是也有点儿跃跃欲试了？接下来的内容，是帮助你成为你自己的教练，就好像有我陪在你身边，为你加油鼓劲，教你科学方法。

完成一个半程马拉松训练计划，只需要两步：

第一步：拆解半程马拉松这个大目标，获得 14 个小目标

第二步：用 4 种不同的体能训练，达到 14 个小目标

Step1：14 个小目标

半程马拉松看似是个宏伟的目标，其实可以将它拆解成 14 个通过体能训练可以达到的小目标，并且可以保证每一个小目标都能轻松达到。从

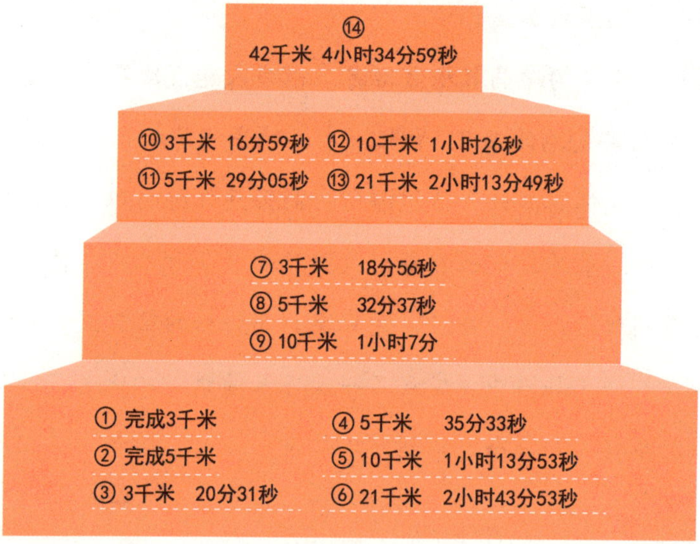

完成全程马拉松目标分解图

两个只需要完成相应的里程数而没有任何时间限制的小目标开始，每一个目标都在上一个目标的基础上微微增加难度，只要能完成上一个小目标，这一个目标就如同上一级小台阶一样，也能轻松顺利地完成。在不同训练阶段为同样的距离设置不同的时间目标，能让人明显感受到自己的速度在提升。

达到这 14 个小目标的体能训练就像建造楼房，需要有效及可实施的施工计划，才能盖得好、盖得稳。相反，如果没有科学有效的施工计划，盖那种没有地基的土砖屋子，一定盖不高。要是硬往上加盖，就有倾倒的风险。体能也一样，如果随意训练，可能会看不到进步，也可能因为突然增加强度而导致受伤。

Step2：四个阶段的体能训练

为了保证训练科学、有效，我一般把体能训练分为四个阶段：

- **耐力期，用轻松跑提升基础耐力**
- **进展期，用间歇跑来提高速度**
- **巅峰期，用节奏跑来增加速度和耐力**
- **竞赛期，用马拉松心率跑让身体适应比赛强度**

在不同的阶段给身体不同强度的刺激，以此来提高运动的表现。

根据个人身体素质不同，完成这 14 个小目标需要 2—4 轮四个阶段（耐力期—进展期—巅峰期—竞赛期）的循环，每个阶段大致需要 1 个月

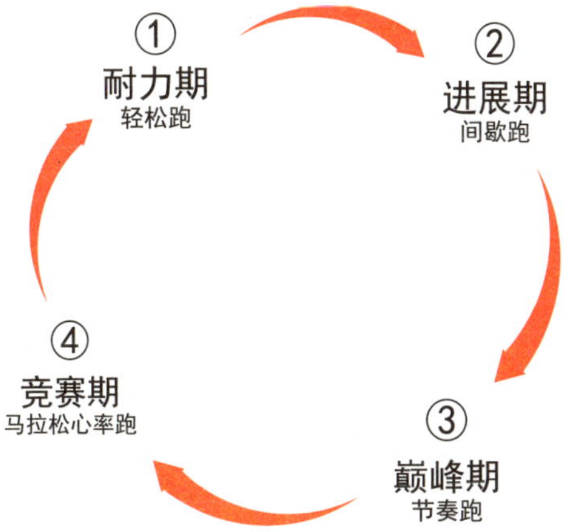

跑步训练周期图

的时间，因此完成一个周期大致需要 4 个月时间，达到跑半程马拉松的状态大致需要半年到一年的时间。这些不同强度的跑步训练互相配合，能够全方位提升我们的身体耐力、力量和爆发力。在整个过程中，我们的宗旨就是轻松。当然，你可能会问，如果我只是日常跑，还需要学习体能训练的知识吗？别急，看完“轻松跑”，你就会有自己的答案。

02 谁都学得会的“轻松跑”

2.1 为什么要“轻松跑”

很多人上学的时候连跑 400 米都费劲，更别说 3 千米了，之所以跑不下来 400 米，就是因为在拿跑 100 米冲刺的速度跑 400 米，不符合“跑步距离越长速度越慢”的客观规律。别说普通人不行，运动员这么跑也受不了。跑步圈有个词叫“跑崩了”，就是指前面跑得太快，后面就一点儿力气都没有了，只能慢慢地往前挪。

但是，如果你能找到属于自己的“轻松跑”的强度，经过 1 个月的训练，就能轻松跑下 3—5 千米，还觉得自己能跑更远。我有很多学员经过 1 个月的训练，完成 5 千米的目标后一点儿都不累，最后开心地跑了 10 千米才结束训练。一旦我们发现自己的潜能，喜欢上运动，你会发现自己根本不想停下来，根本不需要担心怎么坚持的问题，反而需要提醒自己不要过量运动。

除了能让你从此爱上运动难以自拔，“轻松跑”还能让你逐渐变成人人羡慕的“不易胖”体质。

最近热播的综艺节目《乘风破浪的姐姐》里有位姐姐说她喝水就胖。歌手许飞说：“这是体质的问题吧，像我怎么吃都不会胖。”别的姐姐一脸歆羡，都希望自己是这种体质。其实许飞怎么吃都不胖，不是因为体质，而是因为她运动的消耗太大了。她是第一位完成六大满贯马拉松的亚洲音乐人，2015 年开始跑马拉松，两年就完成了 20 多次马拉松，平均每月一场。事实上，没有易瘦体质，只有易瘦的生活习惯，这就是运动和饮食。

为什么“轻松跑”会对身材有帮助？原理很简单，只有低强度的跑步才会燃烧脂肪，高强度的剧烈跑首先消耗的是人体内的糖原。通过不断完成低强度的轻松跑，你的身体在不运动时也会优先选择燃烧脂肪获取能量，偶尔吃点儿高热量的食物也不容易胖了。《跑起来，只为认真对自己》的作者汤姆·福尔曼说他为了准备 100 千米以上的超级马拉松，每天要进行两个小时以上的跑步训练，他感觉通过这种训练，他的身体就会变成一个消化能力超强的高效机器，比萨、汉堡等食物吃下去就会被急需能量的身体消化掉。

但是，消化能力强不意味着饥不择食。运动让身体高效消耗热量，饮食上还应该为身体提供优质“燃料”。比如高糖食物虽然能让身体快速地充满能量，但消耗得也快，跑上 10 千米左右就会感觉能量不足了。因为摄入高糖食物，身体会产生大量胰岛素把这些糖尽快消耗掉，不然血糖长时间升高会伤害身体；而一旦糖被消化完，身体就会感觉没了力量，所以运动量大的人往往特别要注意自己吃下去的食物热量。

如果你刚开始跑步，尤其是想通过跑步减肥的话，我推荐“211 饮食法”，蔬菜、优质蛋白加粗粮（具体见第 9 章）。多吃低糖或者较低 GI（血糖生成指数）的食物，这样可以缓慢释放糖分，让身体持续有能量的输出，再配合高蛋白的食物，为肌肉加油，就能跑得更轻松、更持久、更健康。

坚持轻松跑还有另一个额外收获。很多朋友，尤其是女学员，会反映自己在冬天的时候手脚冰凉。其实，只要坚持轻松跑，手脚冰凉的问题就能迎刃而解。因为轻松跑会提升肌肉端的用氧能力，促进肌肉中毛细血管的生成，刺激心肺系统，改善血液循环。毛细血管增加的同时，肌纤维、肌腱、韧带的强韧度也会增加，避免运动伤害。

2.2 用什么衡量“轻松跑”强度

了解了轻松跑的各种益处之后，我们就来到了最重要的一步——找到适合自己的“轻松跑”强度。

市面上很多运动软件和跑步书都以运动的时长和距离来衡量你的运动强度。这种运动目标的设定源于“任务式思维”，这种“只顾两头，不顾中间”的思维方式，最大的弊端就是对过程体验的忽视。正所谓任务是死的，但人是活的，如果只为完成目标，而忽视人在跑步过程中的体验——就算跑得很辛苦，也要勉强跑完达成目标，那么就会导致我们跑不动、难坚持，最终放弃跑步。为了避免这种情况发生，我们需要更多地关注我们在跑步时的状态，真正做到了解自己的身体需要并在跑步过程中有针对性地进行调整。什么时候该跑得快一些？什么时候需要慢下来？在当下，我能接受的最快速度是多少？怎么调整来提升我的体验？这些问题没法从时间和距离上找答案，但心率都能告诉你。

当我们有了心率手表，以心率作为衡量训练强度的指标时，我们需要计算自己合适的心率区间，辅助自己判断运动是否过量或身体是否出现异常。之所以采用心率区间数值作为衡量轻松跑强度的指标，是因为心脏是身体的发动机，它决定着全身的血液循环，它的机能强弱决定了身体可承受的负荷。好比一辆跑车和一辆家用轿车，同样跑每小时 180 千米，轿车的硬件是远远吃不消的。运动员的心脏是跑车，而我们的心脏是轿车。

计算区间的意义在于，无论你跑多长时间，运动强度多大，只要心率保持在合适的区间内，身体就是安全的；同时，你可以随时衡量自己的表现，比如心率在区间低位时适当提速，过高时及时降速，在跑步过程中，你就可以有针对性地进行调整。

那么，如何计算自己的心率区间呢？

第一步：测量我们身体的静息心率。

第二步：利用公式计算心率区间，轻松跑心率区间计算公式如下：

轻松跑强度心率的下限是（220 —年龄—静息心率）×59%+ 静息心率。

轻松跑强度心率的上限是（220 —年龄—静息心率）×74%+ 静息心率。

注意：静息心率不仅是计算轻松跑强度的关键值，也是之后评估心脏机能是否变强的关键指标。我们测量静息心率的方法是找一个睡得好的早晨，站立 3 分钟，然后手表上显示的当前心率，就可以作为我们当前的静息心率，我们需要连续测量几天，取一个基准值，并选择睡眠比较好的那天的数值作为基准数值，即连续几天测出的数据的最低值。

小拓展：为什么要那么测静息心率？

- **之所以选择站立姿势进行测试，是因为姿态不同，心率也不同；不同姿势的运动项目就需要参考对应姿势下的心率区间，即游泳对应躺着的心率，自行车对应坐着的心率，跑步对应站着的心率。**因为站立时，血液循环要克服重力的阻力，心率会更高，可以输出更多的血液。相应地，躺着心率最低，其次是坐着。例如，躺着的心率是每分钟 60 次，坐着是 70 次，站着是 78 次。

- **之所以要测试 3 分钟，是因为站起来后，身体可能因为姿态改变导致心率飙升，到 110 甚至 120。**所以需要你慢慢站起来，然后恢复正常的呼吸，心率会在 3 分钟后变得平稳，然后取这时的心率值。未经训练的成年人的静息心率一般在每分钟 65—80 次，但通常只要经过数个月的耐力训练，静息心率就会下降。因为训练后的心肌较强壮，每次跳动所输出的血液量会增加。
- **还需要连续测量几天，取一个基准值。**因为休息状态非常影响静息心率，所以我们每天起床后站姿的静息心率是不同的。因此，我们需要连续测量几天后选择一个基准数值。若小张睡眠好的时候静息心率是每分钟 70 次，熬夜没睡好的时候，静息心率可能就是每分钟 85 次了。所以我们建议选择睡眠比较好的那天的数值作为基准数值，即连续几天测出的数据的最低值。

小张测出来自己的静息心率是每分钟 70 次，下一步就可以用公式来计算轻松跑的心率区间了。

轻松跑强度心率的下限是（220 － 25 － 70）×59%+70 ≈ 144

轻松跑强度心率的上限是（220 － 25 － 70）×74%+70 ≈ 163

当跑步时的心率在这个区间里，就意味着达到轻松跑的强度了。

他早上的静息心率是每分钟 70 次，今年 25 岁。根据公式就可以计算出他跑步的心率下限是 1 分钟 144 次，心率上限是 1 分钟 163 次。那么跑步的时候保持在 144—163 次就是轻松跑的强度了，将跑步控制在这个强度，就能很轻松跑很远。

测量心率区间的注意事项

一是戴心率手表的方式。如果戴不好，可能心率就测不准。比如心率手表没有系紧，一晃一晃的，那样心率数据误差就会很大。还有戴心率表的时候不要戴在腕关节，就是腕骨的位置上。这个位置容易戴不紧，需要稍微往上一些，起码距离腕骨一到两指。

二是每种心率手表都有自己的算法和公式，会告诉用户现在是什么强度。这个公式和我们的公式可能会有区别，需要在心率设置里面重新设置，选择储备心率的计算方法，输入静息心率就可以。如果觉得设置比较麻烦，就简单记住咱们计算得出的心率区间也可以。

三是随着心肌变得强壮，早起的静息心率也会变低。比如原来每分钟 80 次，1 年后每分钟 60 次，这时就需要重新计算轻松跑强度的区间了。不然可能会发现强度感受与以往不同。建议每隔 1—2 个月测一下静息心率，看看自己身体的状况，调整数值。

2.3　跑前热身至关重要

下面我们就要开始轻松跑了。跑步开始之前什么最重要？给大家看一张我的学员的打卡图，看看能发现什么问题。

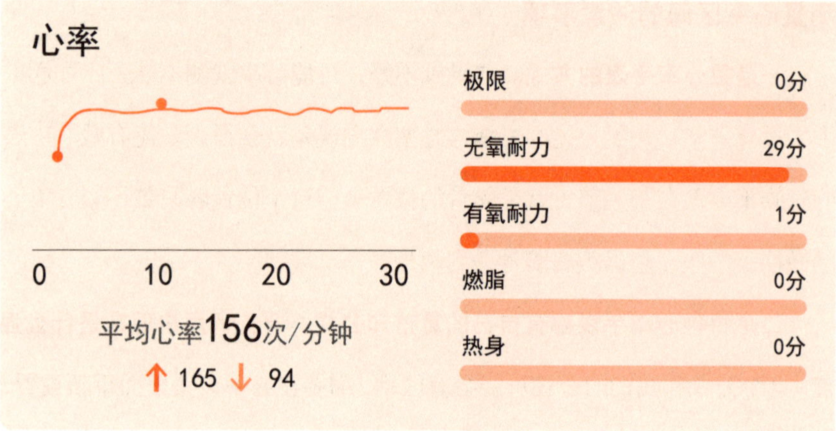

没有热身的心率图

大家可以看上图中学员心率上升的曲线，开始那一段特别陡峭，心率变化很剧烈，这说明他是没有做热身运动直接开跑的。充分热身后，心率会缓慢爬升。

我们说回热身，热身特别重要，强调再多遍也不为过。但很多人的跑步习惯是穿鞋下楼，不做热身就开跑。之所以需要热身，是因为我们长期久坐，肌肉紧张、僵硬，需要被激活。你可以把身上300多块的骨骼肌想象成橡皮筋，肌肉在运动时就像橡皮筋被拉开，肌肉弹性会越来越大，活动也就越顺畅。但如果肌肉未被激活、弹性不足，就会导致关节磨损，尤其膝盖特别容易出现这样的问题；关节的灵活性需要被改善，否则身体能量就会被无效动作消耗，严重时会让我们因为动作变形而受伤。

热身是为了提升身体的柔韧性。千万不要以为提升柔韧性就是拉韧带，提升柔韧性实际指的是在拉伸活动中，提升人体关节及其周围肌肉、韧带和其他相关组织的活动幅度。

为什么跑前热身和姿势一样重要

第一，热身可以激活特定肌肉。跑步过程中，有弹性的臀部、大腿、小腿肌肉能帮助分担膝盖承受的压力。如果热身不足，大部分血液还在身体内脏中，没有流向肌肉里，此时四肢的肌肉还是僵硬的。这时跑，压力很容易直接传到膝盖的位置，导致出现髌骨疼痛综合征，会在膝盖前部、膝盖周围下方引起钝痛。热身充分，腿部肌肉力量变好对缓解髌骨疼痛综合征很有帮助。很多人下、上楼梯，或徒步下、上膝盖都会痛，这可能是髌骨疼痛综合征引起的。

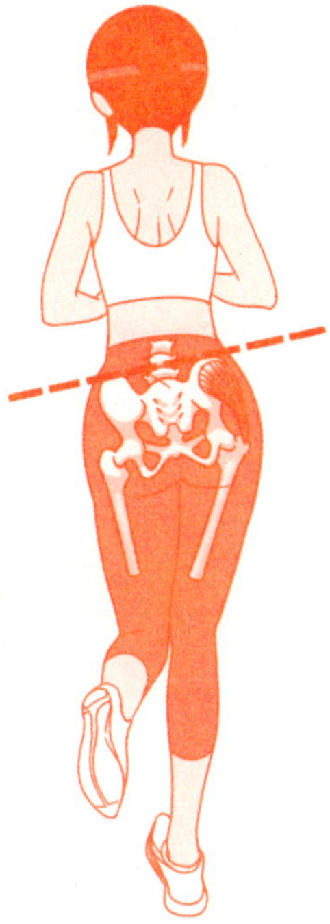

臀中肌无力自我筛查：
检查你的臀中肌，抬起一条腿
看臀部是否在水平面上

肌肉激活尤其需要激活臀中肌

热身中尤其需要激活臀中肌，臀中肌连着大腿部位，它是否有力量决定了膝关节的稳定性。在跑步时，如果每次着地时膝关节晃动幅度特别大，受伤的风险就大。但如果臀中肌有力量，就能帮助膝关节稳定，减少跑步中膝盖的晃动，从而减少膝盖受伤的风险。大部分人的臀部肌肉由于久坐等日常习惯的影响，经常是处于被遗忘的状态。但只要臀部的肌肉开始干活，你跑步时的感受会完全不同。想让臀部上缘看起来圆润挺拔的朋友，也可以在热身活动中加入臀部激活的动作，具体激活的方式如图所示（仰卧臀桥、弹力带侧向移动）。

臀肌激活的两个方式：仰卧臀桥、弹力带侧向移动

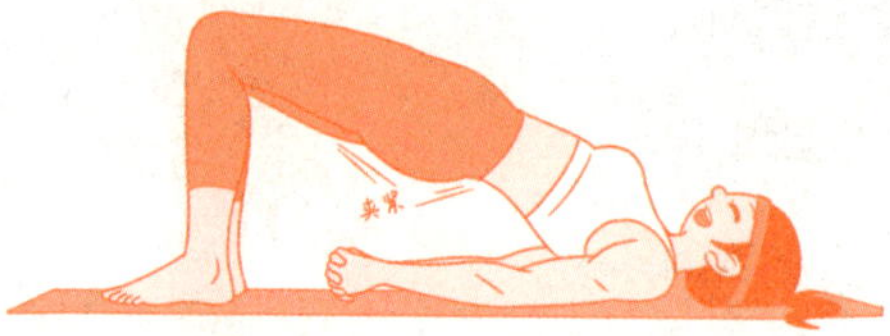

仰卧臀桥示意图

弹力带侧向移动示意图

跑前热身要关注的第二点，是提升全身关节的灵活性，从脚到膝盖到髋到肩。例如，很多人因为长期伏案久坐，肩关节灵活性不足，肩膀活动的角度就受到了限制，不能充分向后摆臂，手臂摆到肩的最大活动度后，力量还没有分散掉，只能靠上身往一侧旋转来继续分散力量，导致上身不断地左右摆动，消耗了多余的力量。如果改善肩关节的灵活性，使肩关节的柔韧性得到提高，那就不会出现这个问题了。

小拓展：椭圆机是否能更好地保护关节？

另外，还有学员问过我是不是椭圆机能更好地保护关节，用椭圆机替代跑步机更好？的确，在使用椭圆机的时候，腿部不会再受到因为腾空着地带来的冲击力，使得膝盖受到的压力也相对减小。但是如果好好利用这个腾空着地的压力，就能很好地刺激腿部的肌肉，让肌肉质量、力量、耐力都变得更好，所以我更推荐跑步。

具体的热身方式

热身方式有很多种，我推荐的是动态伸展，主要包括活动脚、活动膝盖、活动髋、活动肩这几部分，目的是让每个关节周围的肌肉活动开，并且也能提高一些柔韧性。

现在的动态伸展比小时候体育课上学的脚踝绕圈、膝关节绕环这样的热身方式改善效果更直接。我有一个朋友之前跑步经常崴脚，但采用动态伸展里的踝关节动作进行热身后，崴脚频率低了很多。我推荐给大家的这个踝关节动作，是把身体的重量压到脚外侧，有点儿像“提前把脚崴了”，所以跑的时候不会再崴了。原理是通过将重量压到脚外侧的神经上，激活这

崴脚拉伸示意图

些神经的肌肉，让它们有所准备，从而就能避免崴脚，而传统的脚踝绕圈并不能达到这个效果。

我为本书录制的热身视频，请扫描二维码回复“热身教学”进行观看

小拓展：我们从小做到大的膝关节绕环，到底错在哪里？

膝关节绕环这个动作，不仅不适合用来热身，还可能伤害到膝关节。膝关节前方、内侧、外侧，都有很厚的韧带。它们就是为了防止膝关节往内跑和往外跑，防止它转圈的。我们膝盖的主要功能是用来往前往后走路的。如果你在走路的过程中，膝盖可以随便转圈，一会儿你的脚尖冲内，一会儿冲后，那你怎么走路呢？所以我们的这个关节天生就不是用来转圈的。你在做绕环的过程中很可能会让肌肉韧带变松弛，摩擦、挤压里面的半月板。时间久了，关节的压力就会很大，很容易疼痛。

那如何通过热身激活膝盖周围的肌肉呢？像动态伸展视频里演示的那样，做好热身，将膝关节上下的肌肉大腿前侧、大腿后侧、小腿都激活，膝关节就会准备好了。整个的动态伸展动作第一次做可能觉得有些难，但两周以后就会适应。还有一个特殊情况，天特别冷的时候去户外跑步，可能做完动态伸展，心率还是很低，大量血液还是没有流到四肢的肌肉里，这个时候我们要做产生热量的动作，最有效的就是一些跳跃动作，比如开合跳、原地跳、原地高抬腿等动作，让心率上升到每分钟 110 次以上，身体完全热起来。

2.4 正确呼吸是轻松跑的关键

跑起来后，我收到最多的问题就是如何呼吸。呼吸很重，或者是呼吸急促，都可能是因为呼吸模式有问题。

为什么要练习呼吸

肺功能差，或许是因为长期使用胸式呼吸模式导致的。

呼吸是我们日常使用最多的动作，每天大概会呼吸两万次。但关于呼吸，大家的认知还很浅。我举个例子，你肯定有过运动完累到要半蹲着大口喘气的时候吧，大口呼吸是因为氧气不足吗？其实不是，而是要将身体内代谢的二氧化碳尽快排出去，而普通呼吸，排出二氧化碳的速度太慢，所以才要大口喘气。还有一个关于呼吸的盲点，提高心肺功能是不是只能靠运动呢？当然不是，肺活量从 4000 到 4500，或许需要运动，而从 1500 到 4000，只需要进行呼吸训练。

如果你日常是胸式呼吸，呼吸是只到胸部的浅呼吸，那你腹部里的膈肌无法有效下沉，只能依靠胸腔的扩张来降低压强，这当然也能使肺部吸入气体，可对比与膈肌下沉带来的压强差，却有着明显的不足。因此，用胸式呼吸法吸入的气体自然也就受限。

而运动的时候，又需要大量的气体与外界进行交换，可如果吸气和呼气都受限，自然更容易上气不接下气，这就是肺活量对运动的影响。而你用全腹式呼吸时，吸气时腹部的膈肌下沉，此时胸腔里边压强变小，气体才能充分吸入肺部。

所以，心肺功能差最不为人知的原因，或许就是长期使用胸式呼吸模式。对于因胸式呼吸导致的肺活量不足的人群，此时进行运动，运动表现可能会很差。明明训练没有多大的强度，却像是跑完了马拉松，接下来的几天无论生活和工作，都是带着酸痛，并且精神萎靡不振。想要运动时能有个好的呼吸模式，就必须在日常生活中也保持好的呼吸模式，不然很难在运动中改变。

呼吸也是可以被练习的

Step1：呼吸时先闭嘴

有些人在日常生活中习惯用嘴呼吸，忘记了鼻子的功能，但请千万记住，呼吸是鼻子的主要功能，进食、说话才是嘴的主要功能。

用鼻子呼吸时，氧气的吸入量可以增加 10% ~ 20%，也可以提高吸入空气的温度和湿度，相当于给空气过滤和加湿；此外，因为鼻腔中有鼻毛，能阻挡空气里的一部分细菌；鼻子还是一氧化氮的储藏室，会输送一氧化氮到肺部，扩张气管和血管。那用嘴呼吸会带来哪些问题呢？容易出现脱水，睡觉时用嘴呼吸，醒来会口干舌燥，还会导致口腔呈酸性，容易滋生细菌，引发口臭和牙齿、牙龈方面的疾病。长期用口呼吸还会影响脸型的美观。

还有很多朋友跑步的时候会出现侧腹痛，也就是岔气的情况。岔气的学名叫“膈肌痉挛”，这种情况其实是负责呼吸的膈肌抽筋了。原因可能有几种：1. 跑前吃东西了，没有消化完。2. 热身没做好，跑起来的时候，膈肌还没准备好，一下抽筋出现岔气的情况。3. 强度太大，承担不了负荷时也有可能出现这种情况。解决方式其实就是慢下来，让心率低下来，同时再做几个深呼吸。

Step2：学会腹式呼吸

让膈肌更好地参与到呼吸中，不光能提高运动中呼吸的效率，还能避免伤害。举个例子，胸腔和骨盆中间只有腰椎，腰椎是脊椎的一部分，那脊椎怎么确保中间这个区域是稳定的？答案就是气压，我们要通过呼吸的调整，协助保持身体的稳定。

掌握了正确的呼吸方式，不管身体产生以上肢为主还是下肢为主的动作，都能确保关节在最佳的位置。我的好朋友康复师韩艺玲老师也和我说过呼吸和疼痛相关的例子。她说康复早期就得先确保呼吸是正确的，要不然后面一系列康复都没法进展。之前她在女足国家队遇到一个因为膝盖疼痛不能重返赛场的运动员，为她做了一系列的检查之后，发现最核心的问题是呼吸问题。她说：“我给她做完呼吸训练后，她就能够立刻下蹲并且完成与足球相关的专项动作，当时教练很惊讶。解决了最关键的呼吸问题，才为后续的进阶康复打下了基础。”

腹式呼吸训练

腹式呼吸示意图

我们说一下腹式呼吸如何做。日常提到腹式呼吸，大家会想到瑜伽老师教的方式：

- **呼气**
- **收紧腹部**
- **吸气，腹部放松**

但是由于日常大家腹部深层肌肉用得比较少，很难把这些长期处于待岗状态不工作的肌肉叫回到工作岗位，所以我们需要一些特殊设备。这个特殊设备就是我们日常喝饮料时用的吸管。

吸管呼吸训练方法

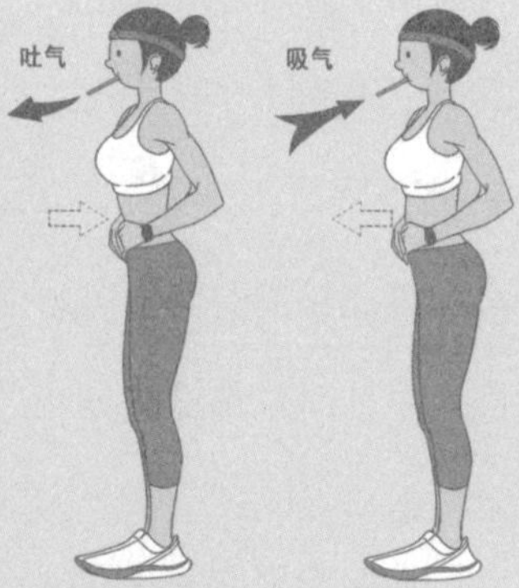

吸管呼吸训练法示意图

有了吸管以后，把吸管插在嘴里，然后用鼻子深吸一口气，再用嘴从吸管里快速呼出去。因为从吸管呼气会有更多的阻力，你会感觉腹部深层的肌肉参与进来，随着呼气，腹部越收越紧。这样就能把腹部深层的肌肉激活。然后做 5 次就可以停下来。因为呼气多了就像小时候吹了好多气球一样，容易缺氧头晕。找到了腹部深层肌肉收紧的感觉，再做瑜伽老师教授的动作才能更有效率，从而真正完成腹式呼吸。

连续训练，让腹式呼吸成为习惯。

找到真正的腹式呼吸的感觉后，日常连续练习 10 天，每天都做 10 分钟的腹式呼吸，把这种呼吸模式变为习惯。我每天冥想的时候也顺便做一下呼吸训练，之后膈肌、腹肌才会更好地参与到运动中去。

跑步时的呼吸频次

有了基础的呼吸能力，我们再说跑步中的呼吸，因为这个时候呼吸肌才能有效参与。在跑步中什么时候呼吸，其实这个问题的答案并不是固定的，罗曼诺夫博士的调查结果是：没有特定标准，调查结果显示 70% 左右的优秀耐力运动员是两步吸一口气、两步呼一口气的模式。你可以尝试这种呼吸方法，但也不必一定如此。你也可以三步一吸气、三步一呼气，只要找到合适自己的方法就可以。如果跑的时候呼吸乱了，心率上升，可以放慢点速度，通过几个深呼吸调整过来。我调整呼吸的时候还会轻甩放松一侧的手臂，手臂放松也能帮助身体放松，这样会使深呼吸调整更有效。

在我们轻松跑的时候，建议鼻吸鼻呼就好。因为这时运动强度低，这样能过滤空气，也能改善空气的湿度，身体会更舒服一些，在之后的提速训练中可以使用鼻吸嘴呼的方式。

2.5　跑后拉伸必不可少，拉的不是韧带，是肌肉

很多人在跑完后会说“我要拉一拉韧带”，但我想告诉你，需要拉伸的不是韧带，而是肌肉。如果真的很用力拉到了韧带，反而会导致关节的稳定性降低，增加受伤风险。因为韧带是一种结缔组织，本身是不具备收缩功能的。韧带的主要作用是连接相邻的骨骼。拉韧带只有个别运动项目才需要，比如体操。体操运动员需要拉开韧带提高关节活动幅度，以完成各种高难度的比赛动作，而普通人是不需要的。

跑步后的拉伸叫作静态拉伸，拉伸的目的是把紧张的肌肉伸展开，让身体更好地恢复。关节的活动幅度变大，会提高身体的柔韧性，拉伸的其实是肌肉和肌肉的筋膜组织。肌肉大家都理解，那筋膜组织是什么呢？筋膜是贯穿身体的一层结缔组织，它包裹着肌肉、肌群、血管和神经。我们平时买的肉上有一层白色的膜包裹着红色的肌肉，这层白色的膜就是筋膜组织。肌筋膜可以减少肌肉的摩擦，允许肌肉与肌肉之间相互滑行，同时也会影响肌肉的发力。

拿日常的压腿动作来说，这个动作拉伸的就是大腿后侧的肌肉和筋膜。拉伸时最好膝盖微微弯曲，目的就是防止拉到韧带。

静态拉伸就是将一个动作控制在 30 秒内，完成 3—4 次。如果时间过长也有可能拉到韧带，所以要避免。一般最好在运动结束后进行，运动前进行过多的静态拉伸会在短时间降低肌肉的力量。有人运动后不做拉伸，

或者拉伸动作不正确，可能就会引发肌肉长度缩短，肌肉疲劳得不到有效缓解，增加受伤的风险，并且影响关节的活动幅度。

2.6 轻松跑中如何使用心率手表

做完热身和激活动作，就可以开始轻松跑了，跑的时候如何确保自己的心率在轻松跑的区间内呢？当然不要一直盯着心率手表，否则很容易摔倒。刚开始可以每隔 3—5 分钟看一次，之后每隔 5—10 分钟看一次就行。

第一次戴着心率手表跑步的前几分钟千万别跑太快，稍微慢一点，因为心率需要一点时间才能攀升到你当前的强度。比如说你跑 100 米，十几秒就跑完，一开始心跳速度没什么变化，而当你停下休息时才感觉心脏越跳越快，这是因为心脏需要时间反应。慢跑也是，可能你慢跑两三分钟以后，心率手表才显示出你当前的心率数值，千万不要因为看到心率变化不大而越跑越快，过早耗尽力气，因为你停下来之后心率会大大地超过轻松跑的强度区间。这样不仅跑得难受，还容易因速度过快而受伤。正确的方式是：多尝试几次，摸清自己的轻松跑强度区间和当时的感受，然后就能慢慢适应这个速度和强度了。

还有一点，心率手表是个电子产品，偶尔也会出现 bug，也会出现测试心率不准的情况。这样的情况一旦发生，就会影响训练的感受。比如说我跑步的时候，快跑已经很长时间了，但是心率手表显示的心率却很低；

或者跑得很慢，心率手表却显示心率很高，这些情况我都遇到过。可能是因为心率手表没戴好，也可能是系统故障需要升级或者重启。

另外，跑步的时候忘记戴心率手表了怎么办？这种情况下，我们需要学会感知自己的身体状况。回想一下之前我们佩戴心率手表跑步时的情景，各种心率区间跑步时的感受，现在去体会一下那种熟悉的感觉，以找到轻松跑的状态。轻松跑的状态下，你会感觉微微有些气喘，聊天说话都没问题，不会出现上气不接下气、无法完整地说出一句话的情况，可以理解为能说话、不能唱歌的状态。

如果你忘了戴心率手表

除心率手表外，也可以用下面这个和澳大利亚体适能的力量训练类似的评估量表来评估自己的运动强度。这个评估量表一共分 10 级，1 级是完全不累，10 级是累死了，动不了了。可以根据此表评估自己在对应的哪一级里。轻松跑一般对应的感受是 2—4 级，如果你觉得超过 4 级，可以降低些速度。这个表还可以用于衡量后文介绍的间歇跑和节奏跑的运动强度。

自评量表		
10	最大努力	喘不过气，说不出话
9		难以维持强度，几乎喘不过气，说不出一个字
8	万难	感觉不舒服，几乎不能说一句话
7		感觉不舒服，能说三个字
6	十分难	几乎感觉不舒服
5	难	能说短句子
4		呼吸沉重，但能进行简短交流
3	舒服	运动中能进行一般的谈话
2	简单	特别轻松地走着去慢跑
1	十分简单	每天活动，以及睡觉

运动自评量表

轻松跑训练计划

第一个月

周期（周数）	星期	训练内容		
第一周	周二	（跑前）动态伸展	（轻松跑4分钟+正常走1分钟）×4	（跑后）静态拉伸
	周四		（轻松跑5分钟+正常走1分钟）×4	
	周六		（轻松跑5分钟+正常走1分钟）×5	
	教练的话	第一周关注跑步姿势是不是重力跑，以及心率是否保持在轻松跑的心率区间里。 备注：随着跑起来心率会缓慢升高，2—3分钟会达到轻松跑强度。不要因为心率上升慢而开始跑太快，跑得没力气，那就不是轻松跑了。		
第二周	周二	（跑前）动态伸展	（轻松跑7分钟+正常走1分钟）×3	（跑后）静态拉伸
	周四		（轻松跑8分钟+正常走1分钟）×3	
	周六		（轻松跑9分钟+正常走1分钟）×3	
	教练的话	跑步的单次时间在慢慢增加，还是关注姿势和心率。		
第三周	周二	（跑前）动态伸展	（轻松跑11分钟+正常走1分钟）×2	（跑后）静态拉伸
	周四		（轻松跑13分钟+正常走1分钟）×2	
	周六		（轻松跑15分钟+正常走1分钟）×2	
	教练的话	第一个月中本周的训练量最高，只要关注点在姿势和心率上，还是能轻松地完成的。 下周是恢复周。		
第四周（减量、恢复）	周二	（跑前）动态伸展	（轻松跑11分钟+正常走1分钟）×2	（跑后）静态拉伸
	周四		（轻松跑12分钟+正常走1分钟）×2	
	周六		（轻松跑10分钟+正常走1分钟）×3	
	教练的话	前三周完成得很好，这周会降低运动量，让身体得到恢复。 本周的运动量和上一周的一样，如果跑起来感觉更轻松，是身体进步的表现。		

第二个月

周期（周数）	星期	训练内容		
第一周	周二	（跑前）动态伸展	轻松跑 30 分钟	（跑后）静态拉伸
	周四		轻松跑 20 分钟	
	周六		轻松跑 30 分钟	
	教练的话	本周目标是长时间的连续跑，中间没有走的时间。		
第二周	周二	（跑前）动态伸展	轻松跑 30 分钟	（跑后）静态拉伸
	周四		轻松跑 30 分钟	
	周六		轻松跑 40 分钟	
	教练的话	在关注姿势和心率的基础上，本周开始关注步频，将步频提高到170次/分钟以上，最好是180次/分钟左右。 备注：提高步频主要关注拉起这个动作的速度，拉起的速度越快，脚着地越轻。		
第三周	周二	（跑前）动态伸展	轻松跑 40 分钟	（跑后）静态拉伸
	周四		轻松跑 35 分钟	
	周六		轻松跑 45 分钟	
	教练的话	本月连续跑时间最长的一周，现在已经可以跑很久和很远了。		
第四周（减量、恢复）	周二	（跑前）动态伸展	轻松跑 30 分钟	（跑后）静态拉伸
	周四		轻松跑 35 分钟	
	周六		（200 米最快速度测试）× 2；轻松跑 20 分钟	
	教练的话	本月前3周完成得很好，这周会降低运动量，让身体得到恢复。 备注：本周末还有1个200米的时间测试，自己记录下最快速度的时间。		

03 跑得更快——“间歇跑”

3.1 为什么要间歇跑

我们现在已经能轻松跑 3—5 千米了。随着之后你跑步时间的增加，会发现跑 6 千米、7 千米也是很简单的事情。你的耐力会变得越来越好，你能越跑越远了。但是这个时候你可能会发现，跑步速度变化并不大，还是跑不快。

想提升速度，我们就不能再用过去的轻松跑的方法了，需要换另外一种方式去提速，这个训练方式叫作间歇跑。间歇跑能提升最大摄氧量，它能让身体摄取、运送、利用氧气的能力更强，能适应更快的速度。当身体的肌肉适应了快速跑的强度后，就能承受更大的压力，之后再有轻松跑、节奏跑的训练都会感觉轻松很多。

间歇跑，字面的意思就是跑步中间要歇一会儿、停一下。它是一种短距离、高速度的跑步方式，可以把跑步加速能力提高上来。一般建议开始提速训练的这一个月，主题就安排为间歇跑，一周至少两次，每次4—6组。

间歇跑接近于短跑训练，实际上并不是很困难。但很多人对短跑感到恐惧，可能是上学时50米体测落下的病根。但你不必害怕，练习间歇跑，只要把强度控制在你感到轻松和有点挑战的那个临界点就好，毕竟我们的目的不是让你跑得痛苦。

3.2 如何找到合适的配速

第一步，通过感知不同的速度，找到适合自己的节奏。

间歇跑前，你需要重新理解一下对速度的感受，比如200米跑应该用什么速度。很多人跑200米用的是跑20米的速度，疯狂冲刺，后面就跑不动了。你冲刺之后一定会感觉脚和腿特别沉，到后面越跑越慢，而且每前进一米都觉得腿脚又重了一分。之所以会产生这种痛苦，还是因为我们没有掌握合适的速度和节奏。一旦你找到对速度的感知，用适合自己的节奏去跑，就可以越跑越快。

我们需要一个15米的跑步距离，差不多半个篮球场的长度。第一次用你最快速度（这个因人而异，没有确定的数值）的30%跑过去，然后走回来。第二次用你最快速度的50%跑过去，然后走回来。第三次用你最快速度的70%跑过去，然后走回来。第四次用你最快速度的90%跑过去，然后走回来。

最后一次发挥你 100% 的实力，用最快速度冲刺跑完 15 米。你需要全神贯注，想象你是在奥运比赛的田径赛道上，周围的观众都在为你加油，你要奋力冲刺，跑完再走回来。体会完不同的速度后，你可能发现之前我们的轻松跑也就是最快速度的 30% 左右，很慢的。那 200 米跑的时候也不能用 100% 的速度，因为用 100% 的速度，我们只能跑 15 米，跑不了更远。如果刚跑时就这么快，你的体力很快就会用完，速度一下就会慢下来。

第二步，测试专属于你的间歇跑速度。

跑 200 米的时候，你不用一开始就用 100% 的速度。试一下用最快速度的 50% 去跑前 100 米，然后用最快速度的 70% 跑到 150 米，最后 50 米用 90% 的速度冲刺完成。测两次，取速度最快的那次作为我们日常训练计算的基数，可能是 30 秒、40 秒或者 50 秒。

跑 200 米的场地最好是田径场，跑半圈就行；其次是在有米数计量的公园里，找到相隔 200 米的两个位置；如果没有操场和公园，你可以在淘宝上买一个测距轮，用这个轮子就能测出场地里跑步 200 米是多远。这些要比手机或者手表的 GPS 计算得精确。如果以上都做不到，再用手机或是手表上的工具进行测距。

注意！测试前，一定要充分热身！

因为测速跑需要你用最快的速度跑，不热身大概率会造成拉伤。当你感到完成 200 米间歇跑非常轻松时，可以进阶至 400 米和 800 米，你需要重新按照上述方法测试自己的间歇跑速度。

第三步，用比测试慢 15—20 秒的跑步速度完成 200 米间歇跑，用比测试慢 20—30 秒的跑步速度完成 400 米和 800 米间歇跑。

我们日常训练的时候，一周至少要跑两次间歇跑。如果之前没有经验，可以先安排 4—6 组 200 米的间歇跑。如果之前跑过间歇跑，就可以安排 400 米和 800 米的间歇跑。不管跑多长的距离，在间歇跑训练的一个月内，训练时的速度都不是你完成测试的速度，200 米是比测试时慢 15—20 秒的速度，400 米和 800 米是比测试时慢 20—30 秒的速度，比如测试 200 米跑了 40 秒，那么训练时就可以用 40 秒加 15 秒或者 20 秒，也就是在 55—60 秒之间完成就可以。另外，在这一个月的提速训练过程中，每次跑步的时间要求都是一样的，就算你到第二周以后觉得变轻松了，也不要随意提速。我们的目的是使你能在相同的高速下“愈跑愈轻松”。**“间歇不超速”是这一训练的重要原则。**

慢一点是为了帮助神经和肌肉适应高配速。这样，跑完每个 200 米之后你都还是处于感到轻松又有点挑战的临界点，而不是感到痛苦。如果跑得特别累，那可能是跑步速度没控制好，比如一开始就用最大速度的 80% 跑出去。另外，大多数人并没有能力在身体疲劳到极限时依然保持良好的动作，这时就很容易受伤。每组 200 米跑完，你觉得完全恢复过来了，再跑下一组就可以。休息时间可以是 2 分钟、3 分钟，甚至更长。

速度衰退图能够帮助你更好地理解为什么要用那种不同的速度跑 200 米，因为不同距离之间的速度会衰减，而我们平时都没有意识到，一开始就在用最快的速度冲刺，导致后面跑得无比痛苦。速度衰退图中显示的是台湾的徐国峰老师推算出来的不同距离下跑步速度的数据规律，这幅图上记载了 2019 年的从短跑到长跑 12 种项目的男子世界纪录成绩。在速度衰退图中，最右边 200 米的时间是 0：00：19.190，最左边全程马拉松的时间是 2：01：39.000，中间则是其他距离的比赛成绩，从 400 米、800 米到半程马拉松的比赛成绩。如果把 200 米的速度作为 100% 的基数，就可以根据规律计算出其他距离成绩的衰退值。比如 400 米的速度是 200 米的 89.2%，800 米是 200 米速度的 76.1%，直到全程马拉松的速度是 200 米速度的 55.5%（这些比例适用于有长期跑步经验的人，不适用于初学者）。

最有意思的是图中“跟 200 米跑速度之间的比例关系”这组数据。如果你同样计算 10 年前或是 20 年前男子的世界纪录，你会发现这个比例跟 2019 年的数据几乎是一致的，一个跑步项目的成绩提升会带动其他项目成绩的提升。但这种速度的提升，仅仅通过轻松跑这样的耐力训练是无法完成的。它只能帮助我们提高耐力，但并不能提升身体对更高速

	全程马拉松	半程马拉松	10 千米	5 千米	3 千米	2 千米	1 英里	1500米	1000米	800米	400米	200米
距离	42, 195m	21, 098m	10, 000m	5, 000m	3, 000m	2, 000m	1, 609m	1, 500m	1, 000m	800m	400m	200m
成绩	2:01:39. 000	0:58:18. 000	0:26:17. 530	0:12:37. 350	0:07:20. 670	0:04:44. 790	0:03:43. 130	0:03:26. 000	0:02:11. 960	0:01:40. 910	0:00:43. 030	0:00:19. 190
	7, 299s	3, 498s	1, 577, 53s	757, 35s	440, 67s	284, 79s	223. 13s	206s	131, 96s	100, 91s	43, 03s	19, 19s
速度	5, 781m/s	6, 031m/s	6, 339m/s	6, 602m/s	6. 808m/s	7, 023m/s	7, 213m/s	7, 282m/s	7, 578m/s	7, 928m/s	9, 296m/s	10, 422m/s
	20, 811km/h	21, 713km/h	22, 82km/h	23, 767km/h	24. 508km/h	25, 282km/h	25, 965km/h	26, 214km/h	27, 281km/h	28, 54km/h	33, 465km/h	37. 52km/h
跟200米跑的速度之间的比例关系	55. 5%	57. 9%	60. 8%	63. 3%	65. 3%	67. 4%	69. 2%	69. 9%	72. 7%	76. 1%	89. 2%	100. 0%

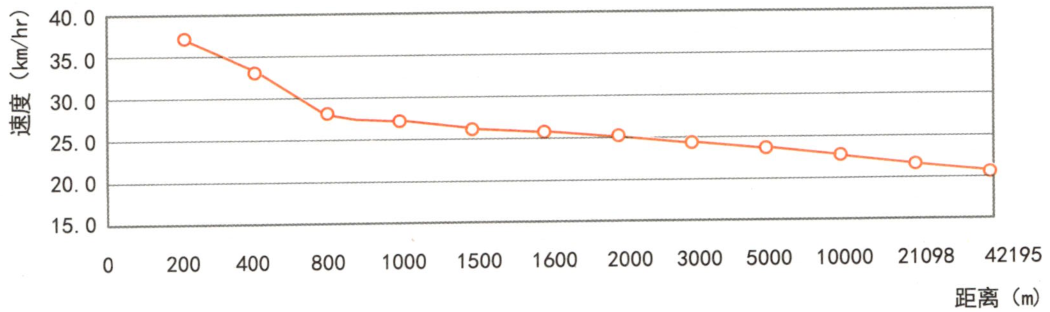

速度衰退图

度的承受度。

除了前文说的世界纪录中的速度规律，还有人发现了最大摄氧量和速度之间的规律。最大摄氧量就是前面说的身体动用氧气的最大极限。丹尼尔斯博士在他的《丹尼尔斯经典跑步法》中用1000多个人的最大摄氧量数据归纳出来了跑力值。跑力（VDOT）是一个包括体能、肌肉力量、技术与精神毅力等方面的综合指标。“跑力”越高代表你的跑步实力越强。跑力值图表相比于前一幅图，更精确地给出了适用于不同能力的跑者的训练方案。

根据跑力值表，如果你知道了自己1500米的最快速度，就能计算出自己跑完半程马拉松或是全程马拉松的时间了。比如我们知道自己跑1500米需要6分35秒，看到对应的跑力值是40，那么对应的半程马拉松的时间是1：50：59，对应的全程马拉松的时间是3：49：45。这样一来，我们就可以根据这个数据设计我们自己的训练计划。我下一阶段希望提高到什么成绩，比如希望跑力值提高到42，那么对应的1500米、3000米需要跑多长时间，如何训练，这些都可以合理地确定下来。具体计划制订方法在后文也会详细说明。总之从这里开始，我们的训练有清晰对应的数据可以参考了。

与常见距离的比赛时间相对应的VDOT值

VDOT	1500米	1600米	3千米	3.2千米	5千米	10千米	15千米	半程马拉松	全程马拉松	VDOT
30	8:30	9:11	17:56	19:19	30:40	63:46	98:14	2:21:04	4:49:17	30
31	8:15	8:55	17:27	18:48	29:51	62:03	95:36	2:17:21	4:41:57	31
32	8:02	8:41	16:59	18:18	29:05	62:26	93:07	2:13:49	4:34:59	32
33	7:49	8:27	16:33	17:50	28:21	58:54	90:45	2:10:27	4:28:22	33
34	7:37	8:14	16:09	17:24	27:39	57:26	88:30	2:07:16	4:22:03	34
35	7:25	8:01	15:45	16:58	27:00	56:03	86:22	2:04:13	4:16:03	35
36	7:14	7:49	15:23	16:34	26:22	54:44	84:20	2:01:19	4:10:19	36
37	7:04	7:38	15:01	16:11	25:46	53:29	82:24	1:58:34	4:04:50	37
38	6:54	7:27	14:41	15:49	25:12	52:17	80:33	1:55:55	3:59:35	38
39	6:44	7:17	14:21	15:29	24:39	51:09	78:47	1:53:24	3:54:34	39
40	6:35	7:07	14:03	15:08	24:08	50:03	77:06	1:50:59	3:49:45	40
41	6:27	6:58	13:45	14:49	23:38	49:01	75:29	1:48:40	3:45:09	41
42	6:19	6:49	13:28	14:31	23:09	48:01	73:56	1:46:27	3:40:43	42
43	6:11	6:41	13:11	14:13	22:41	47:04	72:27	1:44:20	3:36:28	43
44	6:03	6:32	12:55	13:56	22:15	46:09	71:02	1:42:17	3:32:23	44
45	5:56	6:25	12:40	13:40	21:50	45:16	69:40	1:40:20	3:28:26	45
46	5:49	6:17	12:26	13:25	21:25	44:25	68:22	1:38:27	3:24:39	46
47	5:42	6:10	12:12	13:10	21:02	43:36	67:06	1:36:38	3:21:00	47
48	5:36	6:03	11:58	12:55	20:39	42:50	65:53	1:34:53	3:17:29	48
49	5:30	5:56	11:45	12:41	20:18	42:04	64:44	1:33:12	3:14:06	49
50	5:24	5:50	11:33	12:28	19:57	41:21	63:36	1:31:35	3:10:49	50
51	5:18	5:44	11:21	12:15	19:36	40:39	62:31	1:30:02	3:07:39	51
52	5:13	5:38	11:09	12:02	19:17	39:59	61:29	1:28:31	3:04:36	52
53	5:07	5:32	10:58	11:50	18:58	39:20	60:28	1:27:04	3:01:39	53
54	5:02	5:27	10:47	11:39	18:40	38:42	59:30	1:25:40	2:58:47	54
55	4:57	5:21	10:37	11:28	18:22	38:06	58:33	1:24:18	2:56:01	55
56	4:53	5:16	10:27	11:17	18:05	37:31	57:39	1:23:00	2:53:20	56

跑力值表

3.3 间歇跑要配合力量训练，减少跑步伤痛

间歇跑带来的能力提升，能让人感受到突出的变化：感觉跑得更轻松了。比如，同样的距离，以前可能需要 55 秒来完成，而现在 50 秒就能轻松完成。另外，我们也会感觉到恢复时间明显缩短了。比如原来跑一组要 3 分钟才能恢复，现在 2 分钟就完全恢复过来了，这同样也是身体进步的表现。如果在该跑距下已经基本没有提升空间了，就可以根据个人感觉提升跑距，如从 200 米提升到 400 米、从 400 米提升到 800 米。

这个时候，最好再配合力量训练，效果会更明显。我们的心肺功能，会越跑越强，耐力增加，速度变快。但是整个身体的肌肉，并不会随着你跑步能力增强，就变得越强，只有加入合理的力量训练，你的肌肉才会变得更加紧致、有弹性，状态更好。请注意，如果我们只是一味地增加跑步量，而没有关注肌肉的训练，那也会增加受伤的风险。

比如我们开始只能勉强跑 3 千米，经过跑步训练后，跑 10 千米已经变得很轻松了。这种情况就像是给一辆老汽车升级换上赛车的发动机，慢慢开还没问题，一旦加速加猛了，老汽车上的其他零件就承受不了新发动机带来的压力，导致老汽车很容易散架。身体也是这样，一味增加跑量和强度，就容易出现各种损伤。间歇跑期间，速度提高，身体承受的压力也会变大，这时候力量训练就变得很重要，肌肉更有力量才能承接更快的速度，以防止受伤，速度提高也更轻松。接下来我们就看看如何进行科学的

力量训练。

力量训练的五大类

说起力量训练，大家就会想到无数的器械和健身 App 里无数的动作，面对海量的选择，我们却不知道怎么找到适合自己的力量训练。但如果你知道日常生活与工作中最常执行的动作分别是身体的哪部分肌肉在支持，选择起来就简单多了。

这个理念来自功能性训练大师迈克·鲍伊尔（Michael Boyle）的著作《体育运动中的功能性训练》。不同于其他教练，鲍伊尔更强调力量训练的功能性，也就是力量训练是为了在日常生活中能有更好的表现而服务的。我们过去所认知的力量训练通常会专注于练习单块肌肉，但是现实中的动作，很少是由单一的关节和其相关肌肉去完成的。生活中的动作大多都需要多关节和很多肌肉共同参与完成。例如拉开门的动作，你需要肩关节、肘关节及其周围的肌肉参与发力，并且核心也要收紧才能完成。而很多男性热衷练习的肱二头肌弯举（参考“五种力量训练示意图”）动作，不仅在现实中少有与之对应的动作，经常练习，还可能会因为单块肌肉能力过强而影响整体动作。功能性训练应关注动作，而不是肌肉，重点是实现推拉力量的平衡和整体的力量变强，从而提高运动表现并降低受伤的发生率。

因此，根据我们日常活动的需要，力量训练的动作根据其功能性可以归为五个大类，分别是上肢推、上肢拉、下肢推、下肢拉和核心训练，你见到过的所有的器械和动作都可以归到这五类里。下面我们一个一个地展开来说。

- **上肢推训练：推门。**把箱子从肩膀的高度推到火车和汽车的行李架上等动作都是上肢推的动作。参与的肌肉有胸肌、手臂后侧的肌肉和肩膀的肌肉。相对应的训练动作有俯卧撑、健身房的杠铃卧推、哑铃推肩等。

- **上肢拉训练：拉门。**划船等都是上肢拉的动作。参与的肌肉有后背肌肉、手臂前侧肌肉。相对应的训练动作有引体向上、器械划船等。

- **下肢推训练：从椅子上站起来等都是下肢推的动作。**参与的肌肉以大腿前侧肌肉为主，训练的动作有半蹲、深蹲等。

- **下肢拉训练：这类动作在日常生活中会少一些。**参与的肌肉主要是大腿后侧的肌肉，在跑步中这些肌肉尤其重要，训练动作以硬拉为主。

- **核心训练：主要分为抗伸展、抗侧屈和抗旋转三大块。**抗伸展就是保证身体不要过分后仰，在后仰的时候，核心有能力把身体给拉回到正中。抗侧屈也是防止身体过分向一侧倾斜，能将其拉回到正中。抗旋转就是把向前或向后的旋转拉回到正中。有的人跑步上身晃得幅度很大，原因就是核心不稳定，浪费了能量。还有人走路时臀部左右扭得很厉害，这个也是核心力量不足导致的，可能出现其他肌肉代偿，也容易出现腰痛或者其他位置疼痛。

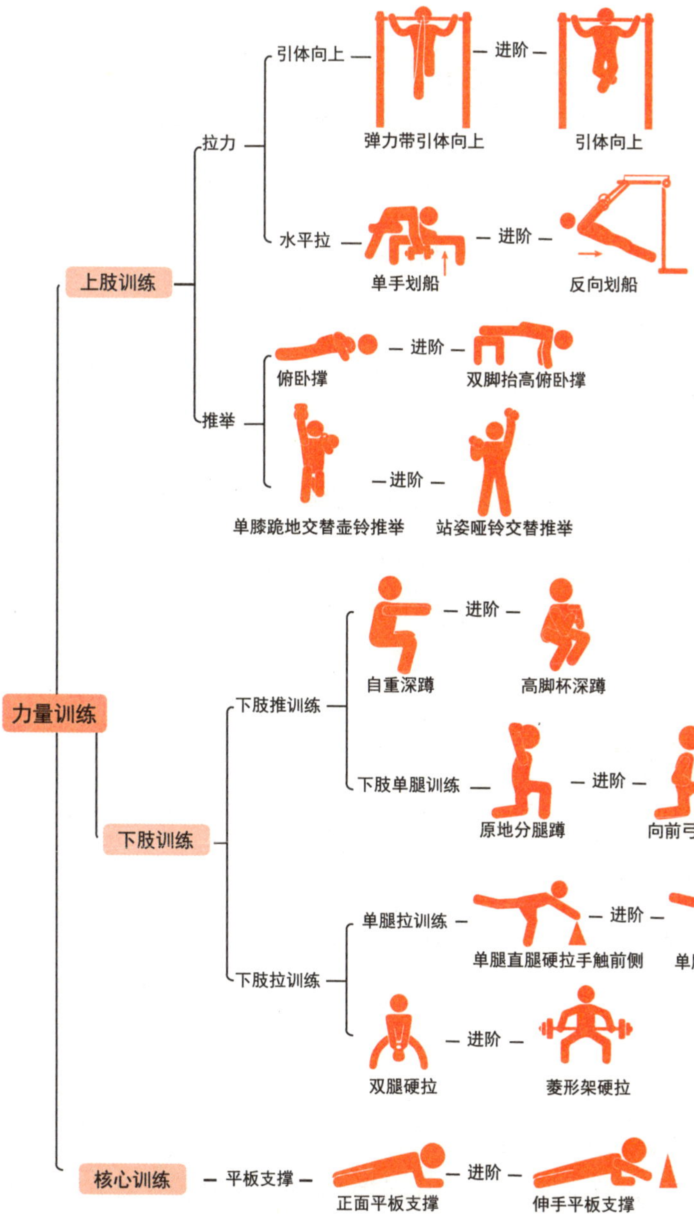
力量训练
上肢训练
拉力
引体向上
进阶
弹力带引体向上
引体向上
水平拉
进阶
单手划船
反向划船
推举
俯卧撑
进阶
双脚抬高俯卧撑
进阶
单膝跪地交替壶铃推举
站姿哑铃交替推举
下肢训练
下肢推训练
进阶
自重深蹲
高脚杯深蹲
下肢单腿训练
进阶
原地分腿蹲
向前弓箭步
下肢拉训练
单腿拉训练
进阶
单腿直腿硬拉手触前侧
单腿直腿硬拉
进阶
双腿硬拉
菱形架硬拉
核心训练
平板支撑
进阶
正面平板支撑
伸手平板支撑

五种力量训练示意图

再补充一点，不要以为核心训练可以像杠铃卧推或者引体向上那样让肌肉轮廓清晰起来，它主要的目的是减少受伤和提高运动成绩，强大的核心力量和体脂无关。腹肌轮廓是饮食的结果，而不是核心练习的结果。健身的人通过核心训练可以让他们射门更有力，投掷得更远，或者长久保持身体健康。但如果想要看得见他们锻炼过的核心肌肉，那就需要注意饮食。

功能性训练还有一个特点就是可以进阶升级，比如最开始是跪姿俯卧撑，那升级后可以是俯卧撑，再升级是双脚抬高俯卧撑。深蹲最开始是椅子上半蹲（自重深蹲），然后负重半蹲（高脚杯深蹲），等等。我把这个升级方式列出来，因为本书不是谈具体的力量训练，就不详细一一展开介绍了，不过大家可以参考这个逻辑。

力量训练的动作安排

那具体动作每周怎么安排呢？一周 2—3 次力量训练，就可以把 5 个动作功能模式在一周内都练习到。

迈克·鲍伊尔（Michael Boyle）的训练模式特别适合当代人时间紧、任务重的快节奏生活。健身房的普通训练方法是，做一组动作休息 30 秒到 1 分钟，再做下一组。而功能性训练可以把 3 个动作放在一起做，比如先做上肢推的俯卧撑，再做下肢推的半蹲，最后做核心训练平板支撑，3 个动作为一组，循环做。因为做上肢推的时候，腿的肌肉没有太多参与；做下肢推的动作时上肢也可以休息；核心训练的时候，上下肢也可以得到

周二		周四	
热身动作：柔韧操			
第一循环			
俯卧撑	8 次	跪姿哑铃推肩	10 次
	8 次		10 次
	8 次		10 次
高脚杯深蹲	10 次	壶铃相扑式硬拉	10 次
	10 次		10 次
	10 次		10 次
平板支撑	30 秒	卷腹	10 次
	30 秒		10 次
	30 秒		10 次
第二循环			
单手壶铃划船	10 次	引体向上	8 次
	10 次		8 次
	10 次		8 次
分腿蹲	每条腿 10 次	单腿硬拉	每条腿 8 次
	每条腿 10 次		每条腿 8 次
	每条腿 10 次		每条腿 8 次
平板支撑	30 秒	卷腹	10 次
	30 秒		10 次
	30 秒		10 次

力量训练计划

有效的放松。3 个动作同时完成且互不影响，极大地提高了效率。

通过以上的力量训练，你会感觉身体越来越强，能承受更快的速度和更大的压力，受伤的概率也会大大减少。同时，身材也变得更好了。

了解了力量训练的动作后，我们每次训练中每个动作做多少次才合适呢？

原来我们经常会听到两种方案：每个动作要做 8—12 次，或者做到筋疲力竭的状态才会有效。果真如此吗？在力量训练中，每组做几次其实有很大的学问。比如一个重量，你最多能做 1—6 次，那么练习的目的就是提高你的力量上限，让自己的力气变大。另一个重量，你能完成 10—12 次动作，那么练习的目的就变成了提高你的肌肉质量，让肌肉变大。还有一个重量，你可以完成 12 次以上，那练的就是肌肉的耐力，即动作的持久力。

大部分提高力量的训练是每组做 4—6 次，而且每次并不需要做到筋疲力竭。的确，做到力竭对肌肉的刺激是最大的，但当你力竭的时候不只容易受伤，还容易出现神经疲劳。一般的肌肉疲劳 48 小时就恢复了，但是神经疲劳需要更长时间恢复。当神经疲劳出现的时候，通常会表现为反应迟钝，容易误判，注意力不集中，等等。这种感觉就像是提不起精神。

小拓展：

在 MJP 力量训练的表格中，左面的竖列 REPS，就是这个重量重复的次数；RM 理解为重量的最大重复次数，MAX 就是 100%。一般测试力量用 3 次最大重复次数，测试出的重量就是你的RM，然后根据训练强度和实际重量决定训练次数。图中训练强度最大区域代表最难，也是次数最少；最佳区域是力量练习者选择最多的选项，也是发展力量最好的选项；最小区域就偏简单一些，难度也降低了，训练所获得的力量相比较上面的也低一些。

比如说你现在做负重的蹲起，20kg只做一个就做不动了，就是RM的最大次数了。这个就很难了，是最大的区域。我们换做20kg的80%，16kg，可以做6次，这个就是最佳的区域，发展力量最好的区域了。如果20kg的75%，15kg，可以做10次，这时的效果就是最小区域，没有最佳区域的效果好，但是也对身体力量变强有帮助。咱们的训练中如果力量变强，比如20kg做12个都没问题了，那就增加重量，或者进阶下一个动作就好。提高力量的目的就是希望跑步时肌肉的力量能给身体更好的保护。

力量训练三个注意事项

- **不要认为只有当力量训练做到力竭的时候才有效。**力竭的状态不仅增加了肌肉受伤的风险，还非常容易引发神经系统疲劳。一旦这种情况发生，我们的身体就需要更长的时间才能恢复常态。
- **想要发展力量，训练的次数控制在最佳区域内会更加有效果。**
- **比做到最好更重要的是一直在变好。**在你状态不好的时候，即便做不到最佳的区域，做到最小的区域同样有收获，不用一直强迫自己都要做到最好。通过间歇跑搭配上力量训练，我们可以跑得更快，身材也会变得更好。下一个阶段，我们的目标就是提升耐力，让自己在较快的速度下跑得更久。

MJP力量：训练计划与方案制定的考量因素

相对强度表

最大力量刺激因素	最大	高	中-高	中-低	低	最小
REPS 重复次数	RM 最大重复次数	RM+1	RM+2	RM+3	RM+4	RM+5
1	100	98	95	93	90	88
2	96	93	91	88	86	83
3	92	89	87	84	82	79
4	89	86	84	81	79	76
5	86	83	81	78	76	73
6	83	81	78	76	73	71
7	81	78	76	73	71	68
8	79	76	74	71	69	66
9	77	74	72	69	67	64
10	75	73	70	68	65	63

最大区域　最佳区域　最小区域

力量训练的主观体力感觉评定 RI：与一次最大负荷的相对强度	需要的恢复时间 （神经肌肉/中枢神经系统—外围神经系统）
+5RM（80%～85% RI）	<12 Hours
+3RM（85%～90% RI）	12～24 Hours
+2RM（90%～95% RI）	24～48 Hours
+1RM（95%～97.5% RI）	48～72 Hours
RM（100% RI）	>72 Hours

MJP 力量训练强度测评

间歇跑训练计划

第三个月

<table>
<tr><th>周期
（周数）</th><th>星期</th><th colspan="5">训练内容</th></tr>
<tr><td rowspan="4">第一周</td><td>周二</td><td rowspan="3">（跑前）动态伸展</td><td>轻松跑10分钟</td><td>（200米间歇跑）×4</td><td>轻松跑10分钟</td><td rowspan="3">（跑后）静态拉伸</td></tr>
<tr><td>周四</td><td>轻松跑10分钟</td><td>（200米间歇跑）×5</td><td>轻松跑10分钟</td></tr>
<tr><td>周六</td><td colspan="3">轻松跑40分钟</td></tr>
<tr><td>教练的话</td><td colspan="5">本月开始提速训练，增加间歇跑训练。
备注：200米跑完，身体恢复后再跑下一个。休息时间可以是1—3分钟。</td></tr>
<tr><td rowspan="4">第二周</td><td>周二</td><td rowspan="3">（跑前）动态伸展</td><td>轻松跑10分钟</td><td>（200米间歇跑）×4</td><td>轻松跑10分钟</td><td rowspan="3">（跑后）静态拉伸</td></tr>
<tr><td>周四</td><td>轻松跑10分钟</td><td>（200米间歇跑）×5</td><td>轻松跑10分钟</td></tr>
<tr><td>周六</td><td colspan="3">轻松跑45分钟</td></tr>
<tr><td>教练的话</td><td colspan="5">本周间歇跑训练强度和上周间歇跑训练强度相同。间歇跑要控制好时间，在轻松的上限完成。同样的时间，如果身体感觉更加轻松，表明身体在进步。</td></tr>
<tr><td rowspan="4">第三周</td><td>周二</td><td rowspan="3">（跑前）动态伸展</td><td>轻松跑10分钟</td><td>（200米间歇跑）×6</td><td>轻松跑5分钟</td><td rowspan="3">（跑后）静态拉伸</td></tr>
<tr><td>周四</td><td>轻松跑10分钟</td><td>（200米间歇跑）×6</td><td>轻松跑5分钟</td></tr>
<tr><td>周六</td><td colspan="3">轻松跑45分钟</td></tr>
<tr><td>教练的话</td><td colspan="5">本月间歇跑训练强度最高的一周，还是要控制时间，让自己在轻松的上限完成。</td></tr>
<tr><td rowspan="4">第四周（减量、恢复）</td><td>周二</td><td rowspan="3">（跑前）动态伸展</td><td>轻松跑10分钟</td><td>（200米间歇跑）×4</td><td>轻松跑10分钟</td><td rowspan="3">（跑后）静态拉伸</td></tr>
<tr><td>周四</td><td>轻松跑10分钟</td><td>（200米最快速度测试）×5</td><td>轻松跑20分钟</td></tr>
<tr><td>周六</td><td>轻松跑10分钟</td><td>（1600米最快速度测试）×1</td><td>轻松跑10分钟</td></tr>
<tr><td>教练的话</td><td colspan="5">本月前3周完成得很好，这周会降低运动量。本周还有两个测试，第一个测试是200米，看自己有没有进步。第二个测试是1600米，为接下来的节奏跑配速做准备。</td></tr>
</table>

04 跑得更远——“耐力跑”

4.1 为什么要“节奏跑”

我们通过间歇跑来提高速度，下面我们的训练目的是在较快的速度下提高耐力。这个目的可以通过“节奏跑”的训练来达成。节奏跑又名乳酸门槛跑，目的是通过运动强度的提高，使人体达到代谢乳酸的阈值，以提升身体清除乳酸的能力，从而使身体在某个强度的配速下能维持得更久，且能在某段时间内达到更高的配速。

在运动强度较小时，如进行轻松跑、马拉松心率跑时，人体运动时会产生乳酸，运动强度大时乳酸会增加，导致心脏加速跳动，使血液加速流动，尽快把肌肉里的乳酸带到肝脏进行代谢，人体排出乳酸的速度也会提高，从而充分代谢；但当运动强度增加，肌肉里乳酸浓度快速提升，排出速度无法跟上时，乳酸就会开始大量堆积，导致肌肉的酸痛，无法正常收缩。

当我们处在节奏跑的强度时，乳酸的产生速度大致等于排出速度。节奏跑训练之后，排乳酸机制变强，就能在临界速度下坚持更长的时间，且排乳酸其实是把乳酸代谢成能量的过程，反而可以创造更多动能，让你跑得更快。久而久之，轻松跑或者马拉松心率跑也会更轻松。

关于乳酸，我还有一点想强调的，就是有人认为训练后肌肉酸痛是乳酸没有代谢完，要吃帮助消除乳酸的食物才能有帮助，其实乳酸在运动后30分钟到1小时就恢复原本的水平了。这时候的肌肉酸痛是因为高强度训练肌肉发力多引起的，这些疼痛之后会逐渐消失，肌肉也会变得越来越有力量。

4.2 如何确定节奏跑的速度

说了节奏跑的好处，那如何选择适合自己的节奏跑速度呢？换句话说，也就是如何找到乳酸的产生量和代谢量大约相等的速度呢？这个就需要先测试一个1600米，然后通过1600米的时间来计算自己节奏跑的时间。

先说1600米测试。它和200米测试一样，千万别用跑20米的最快速度跑1600米，否则肯定会把自己累死。跑1600米的时候，我们需要以循序渐进的速度来完成。比如，我们把1600米分成4段，然后一段要比一段快。第一段，以你全速状态下的40%的速度跑完，第二段是50%，第三段是 60%，最后一段是 70% 的速度，到最后的 100 米再用 90% 的速度。通过这样的方法看看你的 1600 米的最快速度是多少。

比如你的 1600 米需要 9 分钟跑完。那好，我们通过查跑力值表格就可以得出你 1600 米的跑力值，然后再找到对应的节奏跑的配速。表格来自徐国峰老师的《你可以跑得更快：跑者都应该懂的跑步关键数据》。

丹尼尔斯博士跑力值表

跑力	1600米	3千米	5千米	10千米	半程马拉松	全程马拉松	跑力
20	0:11:54	0:23:20	0:42:24	1:28:03	3:15:15	6:44:00	20
21	0:11:36	0:22:45	0:40:49	1:24:47	3:08:02	6:31:00	21
22	0:11:19	0:22:11	0:39:22	1:21:47	3:01:23	6:19:00	22
23	0:11:01	0:21:37	0:38:01	1:18:59	2:55:07	6:08:00	23
24	0:10:45	0:21:04	0:36:44	1:16:20	2:49:20	5:56:00	24
25	0:10:28	0:20:31	0:35:33	1:13:53	2:43:53	5:45:00	25
26	0:10:11	0:19:59	0:34:27	1:11:36	2:38:48	5:35:00	26
27	0:09:55	0:19:27	0:33:25	1:09:28	2:34:03	5:25:00	27
28	0:09:39	0:18:56	0:32:27	1:07:28	2:29:34	5:15:00	28
29	0:09:24	0:18:26	0:31:32	1:05:34	2:25:15	5:06:00	29
30	0:09:11	0:17:56	0:30:40	1:03:46	2:21:04	4:49:17	30
31	0:08:55	0:17:27	0:29:51	1:02:03	2:17:21	4:41:57	31
32	0:08:41	0:16:59	0:29:05	1:00:26	2:13:49	4:34:59	32
33	0:08:27	0:16:33	0:28:21	0:58:54	2:10:27	4:28:22	33
34	0:08:14	0:16:09	0:27:39	0:57:26	2:07:16	4:22:03	34

（续表）

跑力	1600米	3千米	5千米	10千米	半程马拉松	全程马拉松	跑力
35	0:08:01	0:15:45	0:27:00	0:56:03	2:04:13	4:16:03	35
36	0:07:49	0:15:23	0:26:22	0:54:44	2:01:19	4:10:19	36
37	0:07:38	0:15:01	0:25:46	0:53:29	1:58:34	4:04:50	37
38	0:07:27	0:14:41	0:25:12	0:52:17	1:55:55	3:59:35	38
39	0:07:17	0:14:21	0:24:39	0:51:09	1:53:24	3:54:34	39
40	0:07:07	0:14:03	0:24:08	0:50:03	1:50:59	3:49:45	40
41	0:06:58	0:13:45	0:23:38	0:49:01	1:48:40	3:45:09	41
42	0:06:49	0:13:28	0:23:09	0:48:01	1:46:27	3:40:43	42
43	0:06:41	0:13:11	0:22:41	0:47:04	1:44:20	3:36:28	43
44	0:06:32	0:12:55	0:22:15	0:46:09	1:42:17	3:32:23	44
45	0:06:25	0:12:40	0:21:50	0:45:16	1:40:20	3:28:26	45
46	0:06:17	0:12:26	0:21:25	0:44:25	1:38:27	3:24:39	46
47	0:06:10	0:12:12	0:21:02	0:43:36	1:36:38	3:21:00	47
48	0:06:03	0:11:58	0:20:39	0:42:50	1:34:53	3:17:29	48
49	0:05:56	0:11:45	0:20:18	0:42:04	1:33:12	3:14:06	49
50	0:05:50	0:11:33	0:19:57	0:41:21	1:31:35	3:10:49	50
51	0:05:44	0:11:21	0:19:36	0:40:39	1:30:02	3:07:39	51
52	0:05:38	0:11:09	0:19:17	0:39:59	1:28:31	3:04:36	52
53	0:05:32	0:10:58	0:18:58	0:39:20	1:27:04	3:01:39	53
54	0:05:27	0:10:47	0:18:40	0:38:42	1:25:40	2:58:47	54
55	0:05:21	0:10:37	0:18:22	0:38:06	1:24:18	2:56:01	55
56	0:05:16	0:10:27	0:18:05	0:37:31	1:23:00	2:53:20	56
57	0:05:11	0:10:17	0:17:49	0:36:57	1:21:43	2:50:45	57

（续表）

跑力	1600米	3千米	5千米	10千米	半程马拉松	全程马拉松	跑力
58	0:05:06	0:10:08	0:17:33	0:36:24	1:20:30	2:48:14	58
59	0:05:02	0:09:58	0:17:17	0:35:52	1:19:18	2:45:47	59
60	0:04:57	0:09:50	0:17:03	0:35:22	1:18:09	2:43:25	60
61	0:04:53	0:09:41	0:16:48	0:34:52	1:17:02	2:41:08	61
62	0:04:49	0:09:33	0:16:34	0:34:23	1:15:57	2:38:54	62
63	0:04:45	0:09:25	0:16:20	0:33:55	1:14:54	2:36:44	63
64	0:04:41	0:09:17	0:16:07	0:33:28	1:13:53	2:34:38	64
65	0:04:37	0:09:09	0:15:54	0:33:01	1:12:53	2:32:35	65
66	0:04:33	0:09:02	0:15:42	0:32:35	1:11:56	2:30:36	66
67	0:04:30	0:08:55	0:15:29	0:32:11	1:11:00	2:28:40	67
68	0:04:26	0:08:48	0:15:18	0:31:46	1:10:05	2:26:47	68
69	0:04:23	0:08:41	0:15:06	0:31:23	1:09:12	2:24:57	69
70	0:04:19	0:08:34	0:14:55	0:31:00	1:08:21	2:23:10	70
71	0:04:16	0:08:28	0:14:44	0:30:38	1:07:31	2:21:26	71
72	0:04:13	0:08:22	0:14:33	0:30:16	1:06:42	2:19:44	72
73	0:04:10	0:08:16	0:14:23	0:29:55	1:05:54	2:18:05	73
74	0:04:07	0:08:10	0:14:13	0:29:34	1:05:08	2:16:29	74
75	0:04:04	0:08:04	0:14:03	0:29:14	1:04:23	2:14:55	75
76	0:04:02	0:07:58	0:13:54	0:28:55	1:03:39	2:13:23	76
77	0:03:58	0:07:53	0:13:44	0:28:36	1:02:56	2:11:54	77
78	0:03:56	0:07:48	0:13:35	0:28:17	1:02:15	2:10:27	78
79	0:03:53	0:07:43	0:13:26	0:27:59	1:01:34	2:09:02	79
80	0:03:51	0:07:37	0:13:18	0:27:41	1:00:54	2:07:38	80

（续表）

跑力	1600米	3千米	5千米	10千米	半程马拉松	全程马拉松	跑力
81	0:03:48	0:07:32	0:13:09	0:27:24	1:00:15	2:06:17	81
82	0:03:46	0:07:27	0:13:01	0:27:07	0:59:38	2:04:57	82
83	0:03:44	0:07:23	0:12:53	0:26:51	0:59:01	2:03:40	83
84	0:03:42	0:07:18	0:12:45	0:26:34	0:58:25	2:02:24	84
85	0:03:39	0:07:14	0:12:37	0:26:19	0:57:50	2:01:10	85

如果你跑 1600 米的时间是 9 分钟，那么你的跑力值是 31。然后我们再看跑力值 31 对应的节奏跑的配速是多少。

跑力值对应速度分区表

检测出的T配速（/km）	跑力	强度1区 E配速区间（/km）	强度2区 M配速区间（/km）	强度3区 T配速区间（/km）	强度4区 A配速区间（/km）	强度5区 I配速区间（/km）	强度6区 R配速区间（/km）
8:41	20	11:25～10:17	10:17～9:34	9:34～8:41	8:41～8:25	8:25～8:05	快于8:05
8:23	21	11:04～9:58	9:58～9:16	9:16～8:23	8:23～8:05	8:05～7:45	快于7:45
8:06	22	10:46～9:41	9:41～8:59	8:59～8:06	8:06～7:50	7:50～7:30	快于7:30
7:50	23	10:25～9:23	9:23～8:43	8:43～7:50	7:50～7:35	7:35～7:15	快于7:15
7:35	24	10:00～8:59	8:59～8:26	8:26～7:35	7:35～7:20	7:20～7:00	快于7:00
7:21	25	9:43～8:43	8:43～8:10	8:10～7:21	7:21～7:05	7:05～6:45	快于6:45
7:09	26	9:29～8:26	8:26～7:56	7:56～7:09	7:09～6:55	6:55～6:35	快于6:35
6:56	27	9:02～8:10	8:10～7:41	7:41～6:56	6:56～6:35	6:35～6:15	快于6:15
6:45	28	8:46～7:56	7:56～7:27	7:27～6:45	6:45～6:30	6:30～6:05	快于6:05
6:34	29	8:31～7:41	7:41～7:15	7:15～6:34	6:34～6:15	6:15～5:50	快于5:50

（续表）

检测出的T配速（/km）	跑力	强度1区E配速区间（/km）	强度2区M配速区间（/km）	强度3区T配速区间（/km）	强度4区A配速区间（/km）	强度5区I配速区间（/km）	强度6区R配速区间（/km）
6:24	30	8:14～7:27	7:27～7:03	7:03～6:24	6:24～6:00	6:00～5:35	快于5:35
6:14	31	8:02～7:16	7:16～6:52	6:52～6:14	6:14～5:48	5:48～5:25	快于5:25
6:05	32	7:52～7:05	7:05～6:40	6:40～6:05	6:05～5:40	5:40～5:15	快于5:15
5:56	33	7:41～6:55	6:55～6:30	6:30～5:56	5:56～5:33	5:33～5:05	快于5:05
5:50	34	7:31～6:45	6:45～6:20	6:20～5:48	5:48～5:25	5:25～5:00	快于5:00
5:40	35	7:21～6:36	6:36～6:10	6:10～5:40	5:40～5:18	5:18～4:50	快于4:50
5:33	36	7:11～6:27	6:27～6:01	6:01～5:33	5:33～5:08	5:08～4:45	快于4:45
5:26	37	7:02～6:19	6:19～5:53	5:53～5:26	5:26～5:00	5:00～4:35	快于4:35
5:19	38	6:54～6:11	6:11～5:45	5:45～5:19	5:19～4:54	4:54～4:30	快于4:30
5:12	39	6:46～6:03	6:03～5:37	5:37～5:12	5:12～4:48	4:48～4:25	快于4:25
5:06	40	6:38～5:56	5:56～5:29	5:29～5:06	5:06～4:42	4:42～4:20	快于4:20
5:00	41	6:31～5:49	5:49～5:22	5:22～5:00	5:00～4:36	4:36～4:15	快于4:15
4:54	42	6:23～5:42	5:42～5:16	5:16～4:54	4:54～4:31	4:31～4:10	快于4:10
4:49	43	6:16～5:35	5:35～5:09	5:09～4:49	4:49～4:26	4:26～4:05	快于4:05
4:43	44	6:10～5:29	5:29～5:03	5:03～4:43	4:43～4:21	4:21～4:00	快于4:00
4:38	45	6:03～5:23	5:23～4:57	4:57～4:38	4:38～4:16	4:16～3:55	快于3:55
4:33	46	5:57～5:17	5:17～4:51	4:51～4:33	4:33～4:12	4:12～3:50	快于3:50
4:29	47	5:51～5:12	5:12～4:46	4:46～4:29	4:29～4:07	4:07～3:45	快于3:45
4:24	48	5:45～5:07	5:07～4:41	4:41～4:24	4:24～4:03	4:03～3:40	快于3:40
4:20	49	5:40～5:01	5:01～4:36	4:36～4:20	4:20～3:59	3:59～3:40	快于3:40
4:15	50	5:34～4:56	4:56～4:31	4:31～4:15	4:15～3:55	3:55～3:35	快于3:35
4:11	51	5:29～4:52	4:52～4:27	4:27～4:11	4:11～3:51	3:51～3:35	快于3:35
4:07	52	5:24～4:47	4:47～4:22	4:22～4:07	4:07～3:48	3:48～3:30	快于3:30
4:04	53	5:19～4:43	4:43～4:18	4:18～4:04	4:04～3:44	3:44～3:30	快于3:30

（续表）

检测出的T配速（/km）	跑力	强度1区 E配速区间（/km）	强度2区 M配速区间（/km）	强度3区 T配速区间（/km）	强度4区 A配速区间（/km）	强度5区 I配速区间（/km）	强度6区 R配速区间（/km）
4:00	54	5:14～4:38	4:38～4:14	4:14～4:00	4:00～3:41	3:41～3:25	快于3:25
3:56	55	5:10～4:34	4:34～4:10	4:10～3:56	3:56～3:37	3:37～3:20	快于3:20
3:53	56	5:05～4:30	4:30～4:06	4:06～3:53	3:53～3:34	3:34～3:20	快于3:20
3:50	57	5:01～4:26	4:26～4:03	4:03～3:50	3:50～3:31	3:31～3:15	快于3:15
3:46	58	4:57～4:22	4:22～3:59	3:59～3:46	3:46～3:28	3:28～3:10	快于3:10
3:43	59	4:53～4:19	4:19～3:56	3:56～3:43	3:43～3:25	3:25～3:10	快于3:10
3:40	60	4:49～4:15	4:15～3:52	3:52～3:40	3:40～3:23	3:23～3:05	快于3:05
3:37	61	4:45～4:11	4:11～3:49	3:49～3:37	3:37～3:20	3:20～3:05	快于3:05
3:34	62	4:41～4:08	4:08～3:46	3:46～3:34	3:34～3:17	3:17～3:00	快于3:00
3:32	63	4:38～4:05	4:05～3:43	3:43～3:32	3:32～3:15	3:15～3:00	快于3:00
3:29	64	4:34～4:02	4:02～3:40	3:40～3:29	3:29～3:12	3:12～2:55	快于2:55
3:26	65	4:31～3:59	3:59～3:37	3:37～3:26	3:26～3:10	3:10～2:55	快于2:55
3:24	66	4:28～3:56	3:56～3:34	3:34～3:24	3:24～3:08	3:08～2:50	快于2:50
3:21	67	4:24～3:53	3:53～3:31	3:31～3:21	3:21～3:05	3:05～2:50	快于2:50
3:19	68	4:21～3:50	3:50～3:29	3:29～3:19	3:19～3:03	3:03～2:45	快于2:45
3:16	69	4:18～3:47	3:47～3:26	3:26～3:16	3:16～3:01	3:01～2:45	快于2:45
3:14	70	4:15～3:44	3:44～3:24	3:24～3:14	3:14～2:59	2:59～2:40	快于2:40
3:12	71	4:12～3:42	3:42～3:21	3:21～3:12	3:12～2:57	2:57～2:40	快于2:40
3:10	72	4:00～3:40	3:40～3:19	3:19～3:10	3:10～2:55	2:55～2:35	快于2:35
3:08	73	4:07～3:37	3:37～3:16	3:16～3:08	3:08～2:53	2:53～2:35	快于2:35
3:06	74	4:04～3:34	3:34～3:14	3:14～3:06	3:06～2:51	2:51～2:35	快于2:35
3:04	75	4:01～3:32	3:32～3:12	3:12～3:04	3:04～2:49	2:49～2:30	快于2:30
3:02	76	3:58～3:30	3:30～3:10	3:10～3:02	3:02～2:48	2:48～2:30	快于2:30
3:00	77	3:56～3:28	3:28～3:08	3:08～3:00	3:00～2:46	2:46～2:25	快于2:25

（续表）

检测出的T配速（/km）	跑力	强度1区 E配速区间（/km）	强度2区 M配速区间（/km）	强度3区 T配速区间（/km）	强度4区 A配速区间（/km）	强度5区 I配速区间（/km）	强度6区 R配速区间（/km）
2:58	78	3:53～3:25	3:25～3:06	3:06～2:58	2:58～2:44	2:44～2:25	快于2:25
2:56	79	3:51～3:23	3:23～3:03	3:03～2:56	2:56～2:42	2:42～2:25	快于2:25
2:54	80	3:49～3:21	3:21～3:01	3:01～2:54	2:54～2:41	2:41～2:25	快于2:25
2:53	81	3:46～3:19	3:19～3:00	3:00～2:53	2:53～2:39	2:39～2:20	快于2:20
2:51	82	3:44～3:17	3:17～2:58	2:58～2:51	2:51～2:38	2:38～2:20	快于2:20
2:49	83	3:42～3:15	3:15～2:56	2:56～2:49	2:49～2:36	2:36～2:20	快于2:20
2:48	84	3:40～3:13	3:13～2:54	2:54～2:48	2:48～2:35	2:35～2:15	快于2:15
2:46	85	3:38～3:11	3:11～2:52	2:52～2:46	2:46～2:33	2:33～2:15	快于2:15

一般来说，我们选择强度 3 区 T 配速区间，因此，你的跑力值对应的节奏跑配速是 6∶52 ～ 6∶14。你的节奏跑训练保持在这个区间就可以，具体到每一段的配速也可以清晰地从表中得出。刚开始节奏跑的时候，可能前三四分钟会有胸闷喘不上气的感受。但不用担心，我们可以通过训练来慢慢改善。通过一个阶段的节奏跑训练以后，你在这高配速区间内停留的时间就会越来越长，从一开始的三四分钟，甚至可以提升到 10 分钟、20 分钟。这就说明你乳酸代谢的能力提高了，速度和耐力也提高了。

4.3 如何安排节奏跑

最后，节奏跑这个阶段是运动强度最高的阶段，因此更要注意休息和恢复。一定要记住，想要身体变强，你就需要有足够的休息和恢复的时间。如果休息不好还要训练，运动水平会越来越差。

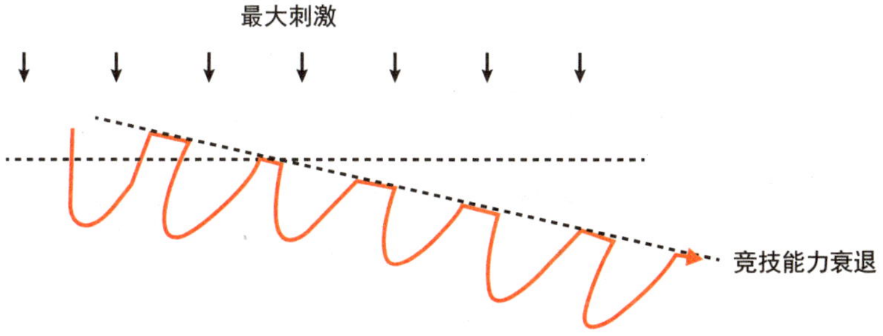

持续超量训练后的身体状态

在节奏跑的训练阶段，还要注意好运动后的保温，比如出汗后别直接吹空调，勤换洗运动服，保证充足的睡眠和休息。

同时，如果没有继续加大训练量，我们的体能水平又会回归之前的状态，丧失“超量恢复”的效应，一般来说，我们的训练会每隔一天进行一次。

节奏跑训练计划

第四个月

周期（周数）	星期	训练内容				
第一周	周二	（跑前）动态伸展	轻松跑10分钟	（节奏跑3分钟）×6	轻松跑5分钟	（跑后）静态拉伸
	周四		轻松跑10分钟	（200米间歇跑）×6	轻松跑10分钟	
	周五		轻松跑10分钟	（节奏跑4分钟）×5	轻松跑5分钟	
	周日		轻松跑45分钟			
	教练的话	本周开始节奏跑训练，经过上个月的间歇跑训练，提速会比较轻松。节奏跑主要是看能不能长时间地将速度维持在对应的配速区域。本月的训练强度最大，注意休息和恢复。 备注：节奏跑每组组间休息1—2分钟。				
第二周	周二	（跑前）动态伸展	轻松跑10分钟	（节奏跑4分钟）×5	轻松跑5分钟	（跑后）静态拉伸
	周四		轻松跑10分钟	（200米间歇跑）×6	轻松跑10分钟	
	周五		轻松跑10分钟	（节奏跑4分钟）×5		
	周日		轻松跑45分钟			
	教练的话	本周间歇跑训练强度和上周间歇跑训练强度相同，节奏跑要控制好时间，在轻松的上限完成。同样的时间，如果身体感觉更加轻松，表明身体在进步。备注：节奏跑每组组间休息1—2分钟。				
第三周	周二	（跑前）动态伸展	轻松跑10分钟	（节奏跑5分钟）×4	轻松跑5分钟	（跑后）静态拉伸
	周四		轻松跑10分钟	（200米间歇跑）×6	轻松跑10分钟	
	周五		轻松跑10分钟	（节奏跑5分钟）×4	轻松跑5分钟	
	周日		轻松跑45分钟			
	教练的话	本周是这几个月内训练强度最高的一周，需要安排好休息和恢复时间。下周是休息和恢复周。 备注：节奏跑每组组间休息1—2分钟。				
第四周（减量、恢复）	周二	（跑前）动态伸展	轻松跑10分钟	（节奏跑4分钟）×5	轻松跑5分钟	（跑后）静态拉伸
	周四		轻松跑10分钟	（200米间歇跑）×4	轻松跑10分钟	
	周日		轻松跑50分钟			
	教练的话	本月前3周完成得很好，这周会降低运动量。备注：节奏跑每组组间休息1—2分钟。				

05 跑得更久——“马拉松跑”

我们之前进行了三个周期的训练，分别是轻松跑、间歇跑和节奏跑。那最后一个周期的目标就是冲刺最好成绩，然后结束一个大周期的训练。就像运动员在参加比赛前，会慢慢减少训练量，让身体得到休息，为的是在比赛时把过去积攒的能量和能力都爆发出来。我们把周期最后的一段训练叫作竞赛期。这段时间，我们要维持之前训练出来的体能，然后等到10km、半程马拉松等比赛的前两周就要减少训练量，为自己安排足够的休息。

在 10km、半程马拉松、全程马拉松的比赛中，我们跑步的速度是马拉松心率跑，而不是之前训练时跑轻松跑、间歇跑和节奏跑的速度。马拉松心率跑的强度低于节奏跑，同时高于轻松跑。请注意，马拉松心率跑也需要计算心率区间，如果你已经经过之前几个阶段的训练，你早起的每分钟静息心率可能已经下降 5—10 次了。所以早上要重新量一下静息心率，然后再计算心率区间。计算的公式是：下限为（220 – 年龄 – 静息心率）

×74%+静息心率，上限为（220—年龄—静息心率）×84%+静息心率。

这个训练阶段把心率保持在用上述公式算出的区间内就好。如果心率低于马拉松心率跑心率就快一点，如果超出马拉松心率跑心率就速度慢一点；状态好就保持在马拉松心率的上限，状态一般就保持在下限。

我们在后面会有这阶段的训练计划，跟着计划的节奏完成，并且保证休息好，就到了我们第一次 10 千米、半程马拉松或者全程马拉松的比赛时间了。

体验马拉松带来的成就感

进行马拉松心率跑训练的时候，我们基本上就到了比赛前，先要做好无论什么结果，我们都能接受的准备。向一个要经过长期准备才能实现的目标前进时，可能会经历好多意外。比如突然感冒发热，比如突然一段时间工作繁忙没有时间训练，等等，这些情况可能会导致我们担忧目标无法实现。

首先，要认识到这些意外都是正常现象，就不会报怨为什么意外发生在我身上，就不会对抗现实，陷在负面的情绪里无法前进。其次，接受就代表着既然现在这样，我接下来要如何做，然后抱着我已经尽力的自信继续向前。比起一场比赛的输赢，我们的持续参与更加重要，总有一天效果会出现在自己的身上。这就是长期主义中最重要的一点。

如果你参加一个马拉松比赛，可能是一个线上比赛，只身一人奔跑，也可能是线下比赛，和成千上万人在一起跑。你可能都会有对于比赛未知的紧张感。这时候请你自己告诉自己，你能够付出那么多时间训练来参加这场比赛，你已经赢了。你要知道，它不再是一场比赛，而是你的舞台，让你展现和享受自我的一个场所罢了。想想你曾经有多么期待这次比赛，而且现在身在其中。今天是你最好的一天，是你老了还能开心提起的一天！

当比赛的枪声响起，你要做的就是按照你的马拉松心率跑的配速出发。有经验的选手都知道，起跑的时候最好和大部队待在一起，不要太快，也不要太慢。起跑时跑在比你慢的人中间要比跑在比你快的人群中要好。一开始跑在慢一点儿的人群中，不断超过眼前的人就会让自己更加自信。

你会被随机地分到某个区域，要等发令枪响后过一会儿才能出发，而且出发时周围可能都是人，跑也跑不起来，但不用担心，等待时间会被加进总成绩，比赛前都会发给大家系在鞋上的电子标签，这个电子标签在你通过起点时会标记你的时间，电脑就会自动计时，等你通过终点时就会有你这段的成绩。这段时间叫作“净时间”，和“枪响时间”不一样。

在马拉松比赛中，请记住跑步“三问”。第一问，我现在是不是处于轻松的上限？第二问，有没有觉得紧张的部位？有的话通过自己的调整，让这个部位慢慢放松。第三问，我现在快乐吗？

你看，首先要关注的永远是自己当下的心理状态，并不是距离和速度。如果问完第三问，你发现压力很大，感觉不到快乐，那就边跑边放松身体，不要关注成绩和心率了，专注于找回轻松和快乐的感受吧。就像咱们之前在心理姿势里说的，全身心地关注当下，关闭内心的杂念，才能感到轻松，费力更少。

我们需要看到目标，设计好执行方法就全身心投入到执行中，发现问题再进行矫正。不要被其他的声音所影响。换句话说，长期主义就是更关注积累每个投入的当下，结果就会生长出来。

我们带着不紧张、在轻松上限并且快乐的身体前进着。马拉松比赛中会有补给点，其中有水的补给，可以选择小口慢慢喝，不用着急喝一大口。可以选择白水或者含糖的运动饮料，但是碳酸饮料不建议，因为会觉得胃胀不舒服。另外把进出补给水站当作调整节奏或休息就好。减速后不要着急找回刚才的节奏，花时间慢慢回到刚才的节奏就可以。

比赛过程中，你一定会有“怎么才到这儿”的想法。教你一个办法：调整中点的位置。大多数人认为中点是距离的一半。半程马拉松 21 千米，你跑 12 千米就是完成一半了，你会发现跑过中点后的距离很难熬，这是一个人正常的感受。

这时候，你需要重新定义一半的距离，重新建立心理预期，进而重新分配精力。比如跑 10 千米时，跑完 7 千米才是跑完一半；跑 21 千米的半程马拉松时，跑完 17 千米才是跑完一半；跑 42 千米的全程马拉松时，过了 35 千米才是跑完一半。我希望你把前面的距离都当作高强度的热身，过了一半，你的比赛才刚刚开始。也是因为你知道这个距离才是一半，你才会重新调节体力分配，你甚至会发现跑完一半时，身体还有很多能量，竟然还能跑得更快，还能略微地加速，那就会更有信心，和别人跑到后来越跑越累的感受完全相反。找到你心中的中点，会让你感到更加轻松，相信我。

通过终点，收获你的一枚闪闪发光的跑步比赛奖牌是最后的结束。你可以一天都戴着，因为这块奖牌是你赢来的，人生中有几天能够这样炫耀呢？当你把佩戴奖牌的照片发到微信朋友圈，那就会是你收到点赞最多的微信，这些赞美也都是你赢来的！

马拉松跑训练计划

第五个月

周期（周数）	星期	训练内容				
第一周	周二	（跑前）动态伸展	马拉松心率跑40分钟			（跑后）静态拉伸
	周四		轻松跑10分钟	（节奏跑4分钟）×5	轻松跑5分钟	
	周六		马拉松心率跑50分钟			
	教练的话	本周开始马拉松心率跑，把心率控制在马拉松心率区间即可。 备注：节奏跑每组组间休息1—2分钟。				
第二周	周二	（跑前）动态伸展	马拉松心率跑50分钟			（跑后）静态拉伸
	周四		轻松跑10分钟	（节奏跑4分钟）×5	轻松跑5分钟	
	周六		马拉松心率跑60分钟			
	教练的话	马拉松心率跑时间增加。 备注：节奏跑每组组间休息1—2分钟。				
第三周	周二	（跑前）动态伸展	马拉松心率跑40分钟			（跑后）静态拉伸
	周四		轻松跑10分钟	（节奏跑4分钟）×5	轻松跑5分钟	
	周六		马拉松心率跑7千米			
	教练的话	为了准备最后一周的比赛日，本周运动强度开始降低，给身体留出休息时间，让身体更充分地恢复。备注：节奏跑每组组间休息1—2分钟。				
第四周（减量、恢复）	周二	（跑前）动态伸展	马拉松心率跑30分钟			（跑后）静态拉伸
	周四		轻松跑10分钟	（节奏跑3分钟）×5	轻松跑5分钟	
	周六/日		比赛日			
	教练的话	训练强度继续降低，比赛日就会有很好的发挥。 备注：节奏跑每组组间休息1—2分钟。				

Chapter 08

超量恢复

运动学的基础理论里面有非常重要的一部分——超量恢复，也是身体变强的原因。超量恢复指的是当运动员或者普通人在经过一次训练后，体能水平会逐渐下降，但通过饮食和睡眠等方式进行恢复，他们的体能水平会逐渐上升，乃至超过原先体能水平的情况。

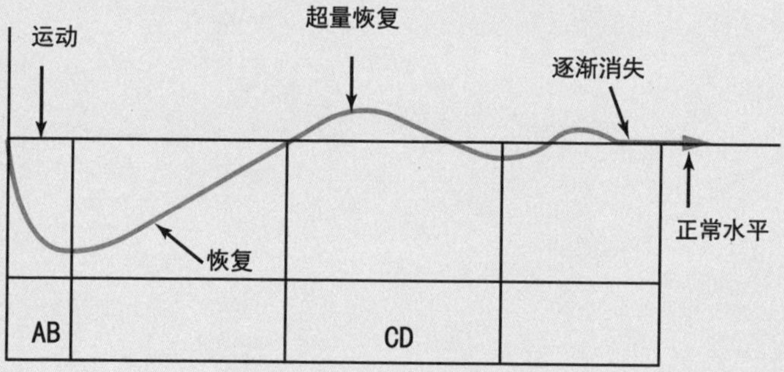

超量恢复

如上图所示，在经过训练后，我们的体能会下降，身体需要经过一段时间才能恢复到原来的体能状态，然后逐渐超过之前的体能水平，获得“超量恢复”。超量恢复和过度训练之间最重要的区别就在于是否恢复。当我们持续、有规律地运动时，如果没有安排足够的恢复时间，我们的身体机能不会逐步上升，反而可能逐步下降。其表现有食欲不振、注意力不集中、疲惫、训练时兴奋度不足、运动表现下降、性欲下降、睡眠质量变差等等。

本章将以以下顺序展开——

01 真休息 & 假休息

02 睡觉也要讲方法

03 别硬撑，适度定期运动更重要

04 运动恢复方式与工具

05 膝盖疼痛的原因

06 不能跑步的情况

01 真休息 & 假休息

掌握了从 3 千米到马拉松的全部训练方法后，很多人会以为这就是运动的全部了。但我想告诉大家的是，如果希望通过运动收获健康的体魄和充沛的体能，有个环节是必不可少的，那就是——休息。

运动完不会休息或休息错误，就好比把刷社交媒体当作繁忙工作后的休息，刷到深更半夜，反而把更多时间浪费在对自己身体无益的“假休息”上，效果反而适得其反。那什么才算是真休息呢？我想先给大家介绍两位跑者的事迹，一位是高龄打破世界纪录的马拉松运动员，另一位是生活特别规律的一位企业家朋友。

埃鲁德·基普乔格是有史以来最伟大的马拉松选手之一。他在柏林马拉松比赛中将马拉松世界最好成绩提高到了 2 小时 1 分 39 秒，并在 2019 年他 35 岁时创造了马拉松 1 小时 59 分 40 秒的惊人成绩。在柏林马拉松时，基普乔格就赢得了 9 万欧元的冠军奖金和

25 万欧元的赞助。然而，在马拉松训练营中，他依然住着一间僧舍般的房子，每个房间里只有两张铁床。在训练营里，他的生活是由日升日落来控制节奏，每周都有同样的日程安排，周六下午会回到家享受周末。

每次跑完，基普乔格都要安排大量时间进行恢复。对他来说，恢复是最关键的事情。不一定午睡，但一定是无所事事，就安静地待着。读读书，听听音乐，尤其是不要紧张，简单地生活、无忧无虑。没有压力，是他不受伤的原因。他的外号是“哲人”，也写些东西，比如本子上的人生格言“自律的人才是自由的”“我始终认为自己是自己最大的挑战者”“我用心和精神奔跑”等等。只有如此珍惜自己的能量，基普乔格才能在 35 岁还打破了马拉松 2 小时内的世界纪录。但有很多运动员，成名后开始花天酒地，很快就把自己耗散掉了。

运动员珍惜自己的能量可以一次次创造佳绩，而普通人珍惜能量，可以让工作和生活保持平衡与和谐。

我的一个企业家朋友，他有个特点，别人找他的时候，他会问公事还是私事，公事安排在上班时间，私事安排在午饭时间。公事私事都有的话，他就安排在下班前的半小时或一小时。每周还要开车一个小时回老家看望自己的母亲。每周工作日的早上还雷打不动地跑步 30—40 分钟，不论出差还是在家。我好奇地问他过这么规律的生活会不会觉得很约束？

他告诉我这种生活反而给他带来了自由，他说我看到的是表面的秩序，表面的秩序是来自他内心的秩序。他知道什么东西是最重要的，他有了自己的节奏，并且也不会再急躁，不会被外界嘈杂的声音影响，这几年企业的业绩反而比之前更好了，少了很多焦虑，精神上反而会觉得自由很多。

接下来，我给大家讲讲运动过后真休息的具体方法，其中最重要的一点是高质量的睡眠和科学的运动频次。如果能做到，那我们的身体就能够在运动中变得越来越强大，获得“超量恢复”。

02 睡觉也要讲方法

我们的睡眠质量是可以被人为提高的。我们一晚的睡眠是由若干个周期组成的，每个周期包含深度睡眠、浅睡眠和眼动睡眠三个阶段，一个周期约 1.5 小时，一晚优质的睡眠将会经历 5—6 个完整的睡眠周期，我们大多数人一天需要的睡眠时长为 7—9 小时，让身体各个部分都得到充分休息。现在的运动手环一般都有睡眠监测功能，如果你戴着手环睡觉，第二天就能获得不同睡眠阶段的时长数据。

在一个周期的三个阶段中，深度睡眠对于运动后的恢复尤其重要，在深度睡眠中，我们的心率会进一步减慢，心脏能更好地给自己供血。相反，当我们睡眠不足，心脏不能得到很好的休息时，就会引起一系列神经内分泌紊乱的问题，导致血管收缩，血压上升，血小板黏性增加，人会感到头晕头痛。除此之外，睡眠不足还会影响一种叫瘦素的能让人产生饱腹感的激素的分泌，让人容易变胖，有家族糖尿病史的人患病风险会增高。

要保证优质睡眠，在临睡前 30 分钟就要远离手机、iPad、电脑、电视等电子类产品，尽量减少暴露在电子设备发出的蓝光下的时间。人体中有种叫褪黑素的物质，最主要的作用就是让你在晚上的时候感觉到困倦，在早上的时候准时醒来。而电子屏幕发出的蓝光会抑制体内褪黑素的分泌，严重影响睡眠。《睡眠革命》的作者尼克·利特尔黑尔斯（Nick Littlehales）还提到电子产品会带来压力问题：当你晚上给人发信息、邮件，因为不知道对方什么时候会回复，无形之中就产生了压力，影响入睡。

所以一定要把工作和睡眠分开，留出自己生活的空间。我的心理咨询师给出了特别好的建议，一定要设置工作截止时间，到了这个时间点，就像按下工作的关机键，之后不再考虑任何工作的事情。我是这样给自己设定工作截止时间的，不忙的时候 7 点下班后就不再考虑工作，如果加班，到 9 点以后就不再考虑工作的事情，没做完的事第二天早上早起继续。剩下的时间和家人聊聊天、散散步。让自己更加放松，享受生活的乐趣，对睡眠非常有帮助。你也可以给自己设一个闹钟，闹钟一响就放下手机、放下压力，等待一个好觉的到来。

准备一张“睡前检查小清单”，创造良好睡眠环境

- **光：**黑暗的环境能帮你入睡，睡前注意拉好窗帘，一定要关灯。如果在寝室这样的环境中没法自己控制窗帘和灯光，使用眼罩也可以。
- **声音：**在安静的环境中更容易睡着，所以不要开着电视，出差时记得带上耳塞和耳机。
- **温度：**睡眠时温度不宜过高，因为我们还要盖被子。最适合的温度其实是 18—22℃。
- **夜宵：**睡前如果吃东西，胃肠在消化过程中会不断蠕动，导致睡眠质量降低。所以睡前不要吃东西。
- **放松：**睡前千万不要做高强度运动。那样会让人体神经兴奋，睡不着觉。在床上冥想、调整呼吸会起到更好的放松效果。

你可以把这5个要点记在手机上，每天睡前拿出来检查一下睡眠环境，建立睡眠的仪式感，一定能帮你改善睡眠。

03 别硬撑，适度定期运动更重要

除了足够的睡眠之外，超量恢复也需要设置合理的运动频次，运动不是强度越大、次数越多效果越好，因为身体的恢复需要时间。如果运动太频繁，即便睡够 8 小时，身体也恢复不过来，还是会陷入过度训练的负面状态当中。尤其当我们进入节奏跑的训练时，更要设置合理的运动计划，因为这是我们整个跑步周期中强度最大的阶段，很容易因为运动过量、休息不好而造成免疫力下降，甚至生病。

3.1 高强度运动会降低免疫力

为什么会出现运动强度大，免疫力反而降低的情况呢？已经有科学实验表明，过度的剧烈运动确实会降低免疫力。

> 研究显示，超过 90 分钟的高强度耐力运动，可使运动员在运动后长达 72 小时内更容易患病。这对于那些参加马拉松或铁人三项等较长时间比赛的人来说是需要高度重视的信息。根据运动免疫学家的调查，高强度运动后免疫功能急剧下降至少要持续 6—9 小时，在这段时间，人体被病毒入侵的概率更大，也更容易生病。

我有个好朋友，平常不运动就直接去健身房报了私教课程，她跟我说每次上完课都是疼痛难忍，结果教练还要逼着再做两个，再做一个，她只想趴在地上不起来。后来，她发现在一个月的私教课中，有两次上完课都出现了感冒的情况。本来期望运动让身体变得更好，没想到反而更差了。出现这种情况正是因为高强度运动后免疫功能急剧下降至少会持续 6—9 小时，在这段时间，人体被病毒入侵的概率更大，也更容易生病。

这种现象就是我们经常听到的开窗现象（open window）。

运动医学界把这种大运动量后发生的免疫功能的暂时性下降，称为免疫系统的“开窗现象”，此时身体的免疫功能会被暂时抑制，就像打开了免疫系统的一扇窗，各种细菌、病毒等便趁虚而入。

运动强度越大、时间越长，这扇窗打开的时间也就越长，幅度也会越大。例如，在马拉松比赛后，参赛者患呼吸道感染的可能性是不参加比赛的人的 6 倍，这会给参赛者的免疫系统带来很大压力，增加他们在未来几周感染病毒的风险。

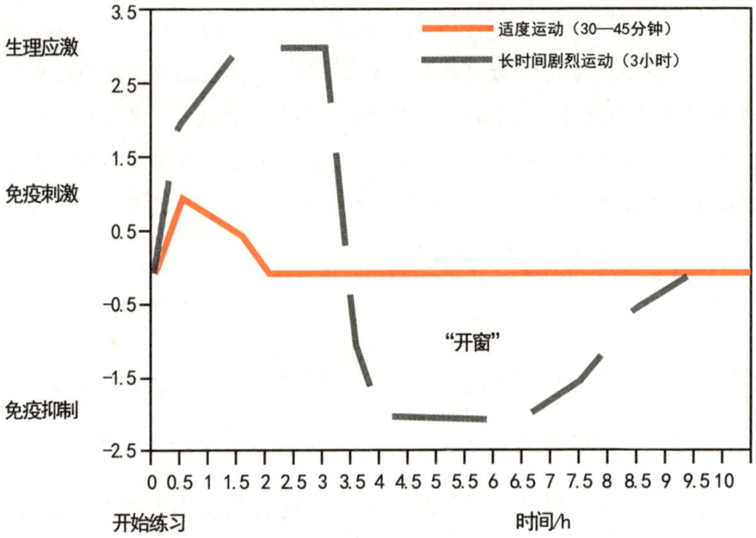

免疫效应的开窗现象

对一般人来讲，一次 20—30 分钟的高强度训练后，3—5 小时之内免疫力会降低。如果你最近有出行计划，不想生病，那么出发前不要进行高强度训练。还有一项实验结果表明：高强度运动会增加皮肤表面的感染风险。换句话说，如果你运动后不立即洗澡，不马上换干净的衣服，皮肤更容易受到感染，长出来的痘痘会发炎流脓，使皮肤变差……

运动可以提高身体的免疫力，这句话大体上没错。但更严谨的说法是：定期、适度的运动可以提高免疫力。长期保持强度合适的规律运动可提升免疫系统的能力，更有效地抵抗细菌和病毒。研究发现，休闲运动者一旦开始定期跑步，患感冒的概率就会下降。

怎样进行适度运动以增强免疫力呢？

定期运动我们很容易理解和做到，但怎么才算适量的运动呢？之前说过用心率评估运动强度。如果你没有心率表，也可以使用运动中自我评价的量表。我选用的是澳大利亚体能协会的自我评价量表，这个比较方便使用。

我们每次运动的强度最高在 4 或 5 的级别就可以了，就是“能说短句子”的水平。如果上升到 6 或 7 级，就只能几个字几个字地往外蹦着说，还会感觉到不舒服，这时运动强度就太大了。现在很多人喜欢在家跟着视频进行运动训练，但如果一上来就选择强度非常大的训练，不仅会导致肌肉酸痛，还会增加受伤风险。循序渐进的训练就是让自己运动的强度在 3—5 的区间。即便是最优秀的运动员，一周的最高强度训练也就 1—2 次。不然身体根本恢复不过来，而且心理上也会产生厌倦的情绪。

国外有一项针对 5 万名跑者长达数十年的研究，结果发现跑步者平均寿命比不跑步的人高 19%。每周跑 8—32 千米，死亡率也会降低很多，但超过这个距离，死亡率降低得不会特别明显。因此，针对跑步这项运动来说，最好的运动频次是一周跑 2—5 次，过量反而不利于健康。

自评量表

10	最大努力	喘不过气，说不出话
9		难以维持强度，几乎喘不过气，说不出一个字
8	万难	感觉不舒服，几乎不能说一句话
7		感觉不舒服，能说三个字
6	十分难	几乎感觉不舒服
5	难	能说短句子
4		呼吸沉重，但能进行简短交流
3	舒服	运动中能进行一般的谈话
2	简单	特别轻松地走着去慢跑
1	十分简单	每天活动，以及睡觉

3.2 长时间中断跑步有哪些危害

合理的频次意味着既不太多，也不太少。说完运动频次太高的危害之后，我们再来看看长期不跑步有哪些风险和隐患。

我们的运动计划经常会因为一些情况无法按时完成，比如这段时间工作太忙、长期加班等。于是一些朋友有这样的担心：几天不跑步，自己的身体状态是不是会变差？

如果仅有两三天休息不跑，那么几乎没有什么影响。在某些情况下，短暂的休息甚至对身体恢复有利。尤其是如果你之前跑步训练的强度比较大，那么经过两三天的休息，肌肉可以得到更充分的恢复，我们的体能也会有所提升。很多运动员在重大比赛前几天不再进行训练，就是这个原因。

但是这个时间不要超过 3 天，如果 3 天以上不运动，我们的体能就会下降，主要会表现在以下几个方面：

- **你的心脏给全身供血的能力会不如从前，你会发现重启跑步时的能量来源和身体新陈代谢的速度会有变化。**休息超过 6 天之后再重启跑步，身体就会更依赖肌肉里储藏的糖原。因为新陈代谢速度变慢，身体再生产这些糖原比以前效率更低。
- **肌肉在跑步之后处理乳酸堆积的能力会变差。**所以当你再次跑步时，即便强度和原来一样，你仍然会觉得跑起来比之前费力，而且跑完之后更容易出现肌肉酸痛的情况。

如果持续 2—3 周甚至更久都不跑，那么体能会进一步下降。很有可能你的最大摄氧量将下降 4%—20%，心脏的肌肉质量会下降大约 20%。要是停跑 3—6 个月甚至更长时间，我们的体能会回落到没有开始运动时的状态，这时候想要再次跑步，应该怎么办呢？

这时候我们的体能已经出现下降了，但很多人往往觉得自己之前进行过训练，以为身体和跑步能力还是停跑前的状态，按之前的训练强度，刚跑没几步就会感觉疲劳、难受，而且还会特别容易受伤，导致再次停跑。

3.3 中断的跑步如何重启

正确的重启方式，首先需要调整心态，然后再重新开始。不要按之前的跑步强度训练，重新根据自己的静息心率制订新计划。回到之前的 GROW 模型，找到一个明确的目标，比如半年后去跑一个半程马拉松比赛。然后根据目标制订训练计划，注意用重力跑的正确姿势，通过轻松跑提高自己的体能，体能不断恢复，重新找到跑步的状态。

在保持充分休息和合理频次的情况下，我们就会越跑越顺利。但乳酸堆积、肌肉酸痛的问题仍然会存在。尤其是在刚刚开始跑步的阶段，很多人都会出现腿部肌肉的疲劳酸痛。随着后期训练强度和时间的增加，小腿这个位置在训练后的酸痛感会更为明显。那么应该如何有效地恢复呢？下面我将介绍四种运动恢复方式。

04 运动恢复方式与工具

按摩恢复

按摩需要选一个好的按摩师，请千万注意：不是按得越疼越有效。

之前我的一位按摩师和我讲，她的一个客人认为痛就是放松，有一次爬完山来按摩，让按摩师越用力越好，客人疼得像杀猪一样号叫，还不让轻一点。但实际按摩得太用力了，会激起肌肉和筋膜的紧张保护状态，反而更难放松，那客人的疼实际是白遭罪，肌肉放松的效果很差，但估计大喊可以让心情比较放松。

筋膜枪恢复

除了按摩之外，筋膜枪也是近些年来常见的放松工具。

运动中，肌肉是受到神经支配的，运动后有时候肌肉本来可以放松了，但是神经仍然处于兴奋的状态，这就有可能导致肌肉持续的紧张和僵硬。在一些高强度运动或长期维持一种姿势的疲劳情况下，肌肉及筋膜都有可能出现微小的损伤。另外，高强度运动过程中，身体内的能量物质代谢，以及身体的自我保护机制，也有可能引起肌肉和筋膜不适。

筋膜枪利用肌肉共振原理对筋膜施加作用力，并借此来达到放松肌肉的目的。筋膜枪作用于覆盖在肌肉表面的肌肉筋膜，在物理刺激与肌肉升温的双重作用下，肌肉筋膜的弹性和延展性都会增加，从而起到放松身体肌肉的作用。比起按摩，筋膜枪还有一个好处，就是可以不依赖别人。我喜欢用它来放松臀部、大腿和小腿的肌肉，用起来非常方便。筋膜枪一般有好几个档位，越高的档位力量越大，运动后的放松按摩一般选择较高的档位，而运动前激活肌肉就可以选择低档位。

市面上筋膜枪的价格差异很大，400—4000 元各种价位的都有。如果是健身、跑步入门，选择一个 500—1000 元的就可以。但如果长期使用，建议选择价格高一些、稳定性高一些的筋膜枪。筋膜枪的稳定性其实是指机器在工作时机身的振动幅度。价格低的筋膜枪稳定性差，用一会儿拿筋膜枪的手就会被震得很难受，导致人无法长期握持。

使用筋膜枪放松时，可以从某一块肌肉开始，进行从下到上的放松，来回 10 次，然后换到下一块肌肉。注意不要在脊椎和颈椎附近使用。因为筋膜枪的震动很容易传达到后脑，可能会出现恶心、反胃，甚至轻微脑震荡现象。

压缩袜恢复

除了筋膜枪放松以外，另一个恢复方法是压缩裤和压缩衣。在马拉松比赛中，你会看到很多人穿黑色的紧身裤，或者各种颜色的长腿袜，这个就是压缩装备。但我先强调一下，压缩衣不等于紧身衣。压缩衣是一种功能性的服饰，而紧身衣的功能性没有这么大。

压缩装备最初出现在医学领域，主要为了治疗类似水肿这种肿胀性的疾病。后来，医学界和运动界的人士发现梯度压缩袜可以用于治疗静脉曲张，这才让压缩装备进入大众视野。

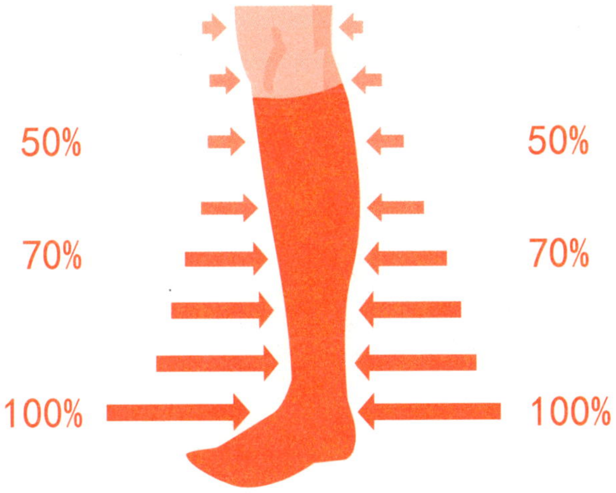

压缩袜

很多人喜欢在运动过程中穿戴压缩装备，它们的确有放松肌肉的功效。但如果你想将这种功效发挥到极致，最好的办法是运动之后再穿。比如 NBA 篮球明星勒布朗·詹姆斯很喜欢在比赛结束之后立即穿上压缩服装，这样可以加速双腿的恢复。他曾经在采访中表示，压缩装备能够提升运动表现，让身体在下一场比赛开始前恢复到良好的状态。

有研究表明，当压缩服装被应用在运动后的恢复中时，可以观察到运动员恢复到最大力量与身体强度的效率有所提高。研究还发现，穿着压缩服装进行运动后的恢复还对解决乳酸堆积、肌肉肿胀和疼痛等一系列运动后的问题有着显著的改善作用。

所以当你跑完步小腿出现恢复不过来、长期酸胀的情况时，选择压缩裤或者压缩腿套来帮助恢复也是一个不错的方法。

05 膝盖疼痛的原因

跑步时遇到膝盖疼痛，是很多人担心的问题。如果你感觉到明显不适，可以先暂缓跑步计划，根据我们的具体情况进行调整。接下来，我们来看看膝盖疼痛到底是怎么回事，我们又应该如何处理。

膝盖疼痛中最主要的就是膝盖最前面的骨头——髌骨的疼痛，专业名词叫作“髌骨疼痛综合征”。髌骨周围的疼痛最常见的原因有三个：过度使用、腿部肌肉力量和耐力差以及运动姿势不对。

5.1 膝盖疼痛原因一：过度使用

过度使用又分两种情况：强度过高和时间过长。著名的骨科医生，也是膝关节研究专家司各特（D.Scott）在他 2005 年的论文里提出了“组织稳态”这个概念。这个概念简单来说就是描述组织器官内部的稳定状态。膝关节也是身体内组织的一种。

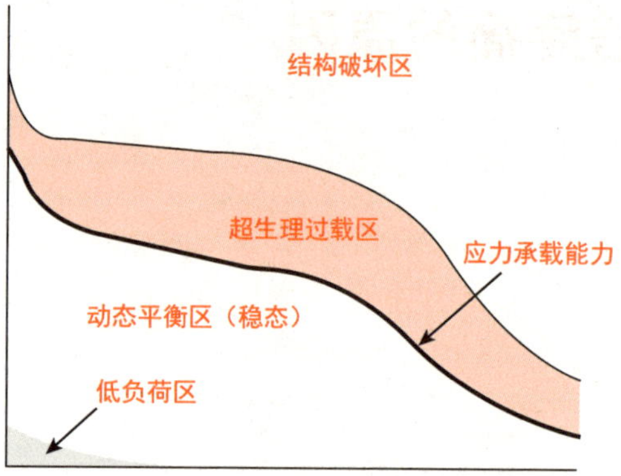

膝关节组织稳定图

膝关节组织稳定图中的纵轴是压力，越往上越高。我们看到膝关节组织承受的压力分为四部分，中间的部位，图中的深色曲线以下的压力，膝关节都可以很好地处理，也就是说，大部分日常活动、常规运动产生的压力，都不会带来问题。当压力大于能处理的范围又还不至于引起损伤时的状态叫“超生理过载”，也就是橘色区域，当压力处于这个区域内的时候，身体会显示出过度疲劳、肿胀的状态，不过还没有损伤。当压力再增加，组织结构就会被破坏，造成损伤，比如摔倒后造成韧带撕裂、半月板损伤等。

但是随着横坐标次数、频率的增加，可能处理的压力就越来越小，这时过大的压力就容易让关节受伤、疼痛。如果第一次受伤未得到科学和彻底的处理，这个疼痛可能会一直出现。所以请大家记住静养可能不会完全恢复这个组织的功能。

为什么说循序渐进的训练非常重要呢?

原因是如果有长期训练的经验，实际上是可以承载更大的压力的。

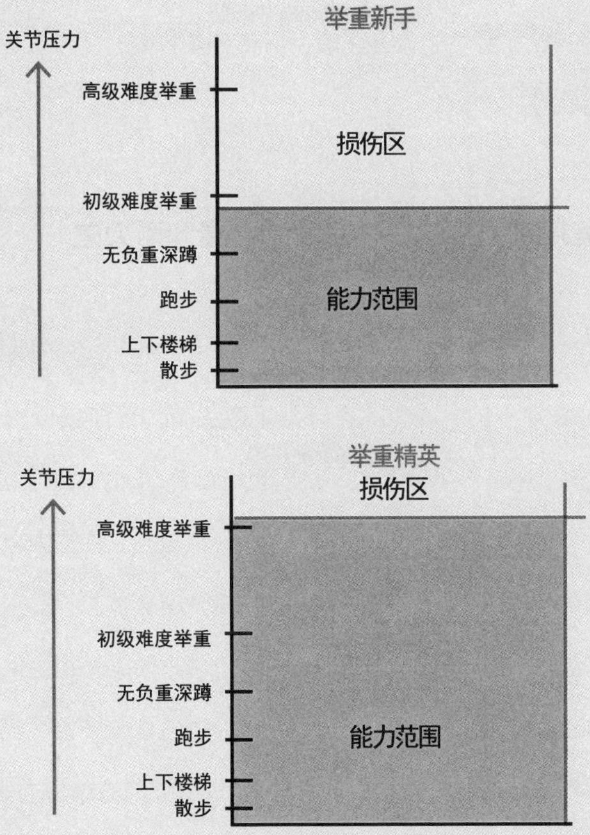

新手和精英运动员承载压力的区别

上图是新手和精英运动员承载压力的区别。两图中左边的纵轴是压力，右边的纵轴表示能承载的压力。浅色区域代表超出的压力。新手经过不断的训练，慢慢地身体才会有更多的压力承载的能力，不然就可能直接到生理过载的区域，轻则身体疲劳，重则可能直接受伤，导致膝盖出现不可逆的损伤。这一点需要我们务必注意，不要贪多求快，要合理规划自己的运动强度和运动时间。

5.2 膝盖疼痛原因二：腿部肌肉力量和耐力差

很多人长期不运动，腿部肌肉力量很差，下楼或者走下坡路多的时候，肌肉收缩的力量不足，压力就直接到了膝关节，可能就会出现突然的疼痛。除此之外，还有因肌肉耐力不足出现的疼痛，比如长时间走路或跑步，腿部肌肉耐力不足了，不能再通过收缩来分担压力，那压力就会全部作用到膝盖，可能就会出现疼痛，所以初学者更要学会休息。

提到增加腿部力量，很多初学者第一个想到的是静蹲。但其实静蹲并不适合日常的练习，也有可能越蹲越伤。因为坐在椅子上，我们重心在臀部，但是靠墙静蹲时只能靠后背顶住墙，利用脚下的摩擦力来维持平衡。这时很大的压力都作用在髌腱上，也就是连接肌肉和骨骼的肌腱上，压力并不完全在大腿前侧。这时不仅对肌肉训练的帮助不大，反而可能因为过大的压力让肌腱受伤。替代的动作是靠健身球静蹲，能帮助臀部和大腿都发上力，得到有效的训练。之后的进阶动作，可以参考力量训练的逻辑方面的内容。再提醒一下，静蹲并不是帮助增加腿部力量的好动作。

5.3 膝盖疼痛原因三：运动姿势不对

膝盖关节是一个滑车关节，打个比方，髌骨就像是一列火车，胫骨上端的滑车沟是轨道，每一次腿的弯曲伸直，髌骨这列火车就在膝盖的轨道上移动。当你下蹲的时候，髌骨在轨道里向下滑动；当你站起来伸直腿的时候，髌骨在轨道里向上滑动。

但当火车出现问题，往一侧倾斜的时候，就会增加单侧轨道的压力，最后导致轨道变形、损坏，甚至脱轨。髌骨也是一样，当髌骨周围的肌肉或是组织受力不均的时候，就会出现髌骨压向另一侧的股骨面，久而久之出现炎症引发疼痛，外力过大的时候也会引发髌骨脱位。

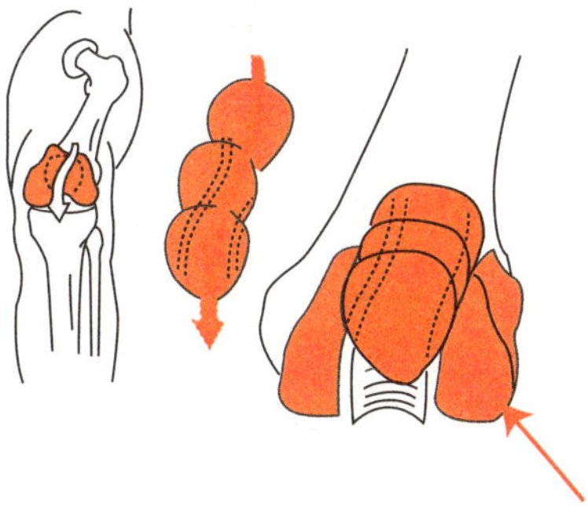

运动姿势不对引发髌骨滑动

举个让髌骨这列列车重量失衡压到一侧铁轨的例子，大家都知道 X 型腿，特点就是膝盖向内，站直的时候两条腿呈现 X 型。这种情况下再做蹲起或是跑步，髌骨这列列车就会重量失衡、磨损轨道。因为膝盖向内的发力方式使髌骨的压力方向改变了，这种压力长期存在的话轨道则可能受到磨损。避免出现 X 型腿，简单的方法是走路、跑步、蹲起的时候，保持膝盖和脚尖在一个方向，不要出现脚尖向前、膝盖向内的问题。如果你有康复师或是健身教练，可以请他帮你评估一下，看看为什么出现 X 型腿，具体是哪些肌肉过于紧张，哪些肌肉过于放松。找准问题，调整会更快一些。

还有几个原因可能让膝盖出现疼痛，比如热身不足，血液还没有到四肢，肌肉没有准备好的时候就快跑，压力都传导到膝盖上；或者跑姿出现前文说的过度跨步，这种情况同样可能给膝盖带来伤害。热身方法和正确跑姿可以在书中的相关章节中看到。

《穷查理宝典：查理・芒格的智慧箴言录》一书中有一句查理・芒格说过的话：“我只想知道将来我会死在什么地方，这样我就不会去那儿了。”我们跑步也是如此，了解了这些会让膝盖受伤的问题，我们就能主动避免，从而更好地保护膝盖。

06 不能跑步的情况

感冒

适度运动可以提升我们的免疫力，让我们不易生病。当我们感冒或者身体不适，应该及时休息，千万不要强撑着去跑步。

有些人觉得感冒后去跑步，出出汗感冒就好了。这种想法是不对的。之所以有人跑步后感觉感冒症状有好转，是因为人在运动时交感神经兴奋，免疫系统机能提高，使感冒症状得到一些缓解。但请千万注意，这只是缓解症状，并不是感冒真正好转了。而且这种情况几乎只在少数体质强、症状轻的人身上发生。对于我们绝大多数人，尤其是体质没那么好的儿童和老人来说，感冒时跑步会给身体造成更大的负担。

感冒之后，人体的免疫系统会开始工作，导致体温升高，新陈代谢的速度加快，如果在此时再进行跑步等体育锻炼，就会使体内能量消耗过多，导致抵抗力进一步下降，细菌就会乘虚而入，甚至侵犯心肌，严重时可能引起急性心肌炎。

医学界的观点是：在感冒期间，高强度的运动（如跑步、骑自行车等）会使病情恶化。所以，感冒期间我们应该按时休息，调整好身体状态后再开始跑步。

酒后

还有一种不适合跑步的情况，就是喝酒后。

很多人以为运动可以解酒，理由是运动能增强新陈代谢，让人体能够更快地把酒精代谢掉。事实上，酒后跑步不仅不利于酒精代谢，而且会给身体带来非常大的危害，其中，对心血管的危害尤其大。

大量饮酒后，酒精会抑制心肌收缩，这个时候再跑步，会成倍地增加心脏的负担，导致心率变快、心血管扩张，冠状动脉处于紧张状态。而且人在酒后难以控制运动强度，一不小心超出心血管能承受的限度，就会引起冠状动脉痉挛、急性心肌梗死等严重问题。

另外，人体代谢酒精主要靠的是肝脏，而酒后跑步会让大量血液流到四肢，导致胃肠道和肝脏的血液供应减少。饮酒后跑步不仅会导致肝脏无法正常代谢酒精，还会损害胃肠道功能。所以我必须再三强调，大家酒后千万不要去跑步。盲目去跑不仅无法取得良好的运动效果，反而是有百害而无一利。

严重睡眠不足

现代人总是会睡前多看一会儿手机，导致睡得过晚；最近一段时间工作压力大，睡得过晚；睡前吃撑了，睡得过晚；睡前情绪剧烈波动，睡得过晚。如果你长期睡眠不足，请优先改善睡眠问题。睡眠充足了再来跑步，才能有效避免受伤，也不会给身体过多的负担。跑步不是为了透支自己，而是为了有一个更好的自己。

女性生理期

生理期时如何运动是很多女性会关心的话题。一般情况下，生理期轻松跑的强度绝大部分人是可以承受的，但如果生理期伴有严重腹痛是需要注意休息的，节奏跑、间歇跑和马拉松心率跑这几种强度稍高的跑步避开生理期前 3 天就行。另外，要注意的是生理期时，慢跑一定要记得补水。

Chapter 09

跑步，应该怎么吃

前文我们解决了“怎么跑”，用姿势正确、心理舒适、体能足够、超量恢复四个环节让你学会跑步、爱上跑步。不过，要跑得好，还要做好“后勤保障工作”——补充营养。饮食和跑步的底层思考是一致的，都是不给自己的身体增加负担，补足身体所需。持续的运动加上科学的饮食，能换来更好的身体状态和更理想的体态和身材。

饮食对运动状态的影响，往往比我们想象中的更加重要。所有专业运动员和资深跑者都会非常注重饮食。在美国运动员体能训练中心，每位运动员可以选择 1 名营养师、1 名体能教练和 1 名康复师，分别为运动员制订饮食、体能和康复计划。其中营养师会根据训练计划来设定饮食方案。之所以要这么精细，是因为不同强度、不同类型的运动对营养的需求不同，比如中高强度的运动都是以消耗糖分为主，越是挑战身体极限的高强度运动，越离不开糖分。糖分不足会导致肌肉缺乏力量，从而影响运动表现和能力。

在我们跑步过程中，想要获得更好的训练效果，就需要我们掌握饮食相关的知识，能够给自己制订出合适的运动食谱。一顿吃多少主食、多少肉、多少蔬菜，才能满足跑步期间身体的需要？怎么吃出不易胖体质？

拥有一个好的饮食结构就能帮助我们解决这些问题。在调整饮食结构之前，我们首先需要了解身体到底需要哪些营养，吃什么东西可以补充这些营养。然后逐步掌握一套既科学合理的饮食方法，让你在跑步训练期间吃出好身体、吃出好身材。

本章将以以下顺序展开——

01 人体三大“油箱”

02 减肥，从优化饮食结构开始

03 跑步前后的饮食诀窍

04 减肥吃法测评

01 人体三大“油箱”

我经常把人体比作一辆保时捷跑车，而食物就是这辆车的“燃料”。要让这辆车跑得快、跑得好，我们就应该选择那些让身体没有负担，让人食用后感觉轻松、舒服，精力更加充沛的“燃料”。

不过，人体和汽车最大的不同在于——汽车只有一个油箱，把这一个油箱加满汽油就可以工作了。但人体属于“混合动力”型，有 3 个“油箱”，分别是碳水化合物、蛋白质和脂肪，也就是营养学里说的三大宏观营养素。在人体这个复杂的系统中，这 3 个“油箱”互相关联，无论哪一个长期不足都会影响到整个身体系统的正常运转。这三大营养素的比例为，碳水化合物 55%、蛋白质 15%、脂肪 30%。因此，我们要在饮食上“雨露均沾”，来寻找有助于跑步的优质“燃料”套餐。

三大“油箱”之首——碳水化合物

位于三大“油箱”之首的就是碳水化合物（Carbohydrate），也就是我们在减肥的时候最怕摄入的“糖”。碳水化合物是我们日常最容易获取的食物，主要分为精细米面、杂粮杂豆、根茎薯类三类。基本上我们日常所吃的“主食”：米饭、面条、大饼、红薯、马铃薯、山药等，就已经很好地覆盖了我们刚刚提到的三类不同的碳水化合物。

碳水化合物在我们所需的营养素中，比例最高，所以千万不能匮乏。当碳水化合物进入身体以后，就会变成我们能利用的糖原，转化为人体所需的热量。每 1g 糖提供 4 千卡的热量，如果糖的摄入不足，人就会低血糖，而低血糖对大脑的伤害特别大。在平时，我们摄入的糖一般都会用来满足身体供能的需求，只有当你摄入过量的碳水化合物，它才会转化为体内的脂肪。

而在运动时，脂肪和糖会同时为身体提供能源。强度越高的运动，相比于脂肪，需要消耗的碳水化合物的比例越高。所以运动后半小时，尤其是在高强度的运动后，需要补充一片切片面包。

三大“油箱”之二——蛋白质

第二个“油箱”是蛋白质，它是人体细胞的关键组成成分，也是让我们肌肉充满力量的重要营养物质。假设人体是一栋楼房，蛋白质就像是楼房最重要的部分：砖头，没有蛋白质，身体就垮了。所以，如果你长期蛋白质摄入不足的话，就像盖楼砖不够，不但支撑身体的肌肉会流失，连免疫力都会跟着下降。

有种非常极端的长期蛋白质摄入不足的情况——虚胖。很多人认为，肥胖是由于各项营养素超量摄入、营养过剩造成的，其实不尽然。我们常说的“虚胖”其实是由于长期蛋白质摄入不足量，同时碳水化合物和脂肪的摄入超量造成的，本质上是饮食不均衡造成的一种营养不良。虚胖的人看起来很“壮”，但实际上因为长期蛋白质摄入不足，肌肉流失，免疫力低下，很容易受伤和生病。

三大“油箱”之三——脂肪

终于轮到脂肪这个“燃料箱”了。关于脂肪的介绍特别多，争议也不小。常见的观点是“脂肪是坏的，糖类是好的”。我们在《中国居民平衡膳食宝塔（2016）》（见下页图）里看到，最底层是谷薯类，而油脂类被排到了顶端。

事实上，脂肪并不是一无是处，它也有优点，比如可以减慢胃部排空的速度，减缓饥饿感，增加饱腹感；缓解餐后血糖的上升速度；有助于身体健康和细胞膜的修复；对特定的维生素和抗氧化剂的吸收而言，脂肪是必需品；某些脂肪酸还有益于代谢；优质脂肪可以给身体提供强力的营养，从而对关节、器官、皮肤和头发进行细胞修复。当然，脂肪还有个重要特点，那就是富含脂肪的食物，吃起来“真香”。

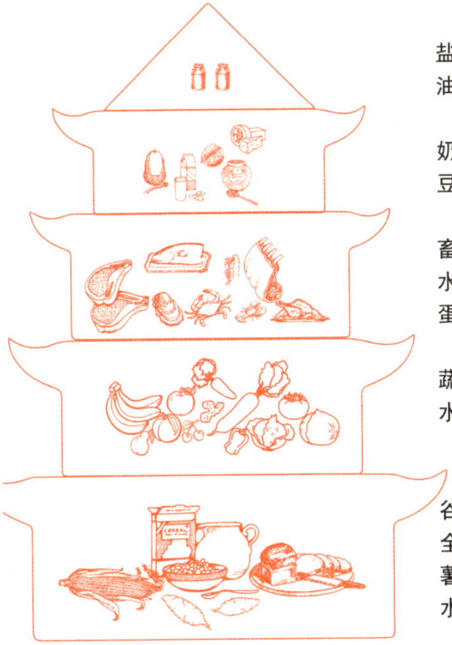

中国居民平衡膳食宝塔

如果我们希望自己健康有活力，就必须控制脂肪的摄入，也需要优化脂肪的来源。通常来说，脂肪酸分为饱和脂肪酸和不饱和脂肪酸。饱和脂肪酸和不饱和脂肪酸中的反式脂肪酸，都会加大罹患心血管疾病的风险；而不饱和脂肪酸中的某些脂肪酸如 Omega-3，却可以增强对跑者来说很重要的心脏功能。由于人体无法自行合成 Omega-3，所以平时要注意从三文鱼、金枪鱼、鱼油、核桃、亚麻仁油、芝麻油等食物中补充。

当然，这不意味着其他脂肪酸不需要摄入，油脂要混搭着吃，这样有助于脂肪酸平衡。购买油脂的时候，我建议大家购买小瓶装，可以多买几种混搭着吃，也可以购买带刻度的油壶把几种油直接混搭在一起。

02 减肥，从优化饮食结构开始

在了解了人体所必需的三大宏观营养素以及它们的最优摄入比例之后，你可能会问，在没有专门的营养师辅导的情况下，有什么方法可以帮助我们拥有一个良好的饮食结构吗？当然有，在接下来这一节里，我将向大家着重介绍“211 饮食法”。通过实践“211 饮食法”，你就能吃得既有饱腹感，又保证了营养水平，同时还控制了碳水化合物与脂肪的摄入，做到真正地吃得好、吃得对。与此同时，你会发现你的运动表现和身材都会越变越好。

2.1 “211 饮食法”

“211 饮食法”的提出者是我的营养师朋友田雪，她发现之前很难一次性给大家说明白每餐“吃多少，吃什么”。为了方便大家记忆，她归纳出了“211 饮食法”。“211 饮食法”根据每个人的拳头大小确定每餐的食物份量。身材高大健壮的人，拳头自然也大，每餐份量就大一点；身材娇小玲珑的人，拳头也会小一点，每餐份量自然也就小一点。因此对于大部分人来说，在“211 饮食法”的指导下都能吃饱，并且满足身体的营养需要，填满 3 个“油箱”。“211 饮食法”适用于一日三餐，它的精髓在于食物搭配的比例。“211”分别代表 2 拳头蔬菜、1 手掌蛋白质、1 拳头主食；在饮食顺序上，要先吃蔬菜，再吃蛋白质，最后吃主食。

通过“211 饮食法”调整饮食结构，主食吃得少，主食应选用微量元素丰富的粗粮；蛋白质吃得足，就为跑步的你提供充足的肌肉生长原料，自然能够跑出好身材，同时，蔬菜和蛋白质会填补主食让渡出来的饱腹感。

“211 饮食法”

你会发现这样的饮食有点像金字塔，各种蔬菜，尤其是绿叶菜，居于金字塔底部，是每天吃得量最多的食物；中间一层是碳水化合物，包括主食，量相对蔬菜要少一些，但每天都要吃；最上面一层是蛋白质，鱼肉蛋奶豆，量最少。这种饮食模式营养均衡，碳水化合物占到总能量的50% ～ 60%，脂肪是 20% ～ 30%，蛋白质是 20% 左右。这样既可以保证营养素的充分摄取，又能通过蛋白质和蔬菜的摄入增加饱腹感，把主食的摄入量控制住。这样一来，就算跑完步很饿，也不会因为吃太多主食而把跑步消耗的能量都给吃回来。

以具体一天的饮食来举例：早上 7 点起床以后，按照“211 饮食法”，可以给自己洗一棵生菜，约两个拳头大小；煮两个鸡蛋，相当于一个手掌的蛋白质；再来一片吐司面包，相当于一个拳头的主食，然后把吐司对角切开，把生菜和鸡蛋夹在中间，一个简易又低脂的三明治早餐就做好了。到了中午 12 点，你可以点一份沙拉，一小份牛排、炒牛肉或鸡胸肉，再来一到二两米饭，也是差不多“2 拳头蔬菜、1 手掌蛋白质、1 拳头主食”的份量。晚餐也以此类推。

另外，你也可以根据个人需要在此基础上进行适当的调整。如果你侧重提升运动表现，在“211 饮食法”的基础上，你可以加上一份牛奶、一份水果和一份坚果，并且在跑前、跑后注意补充碳水化合物；如果你想要快速减肥，那么，可以用一份水果替代一份主食。

那么，按照这个方法，食材的选择上有什么需要注意的呢？

2.2 “211 饮食法”具体怎么吃

“211 饮食法”主食吃什么

虽然生活中碳水化合物随处可见，但是要科学合理地摄入，也要注意挑选具体的食物。一般来说，主食有三类:精细米面、杂粮杂豆、根茎薯类。

每天每一类都吃到，就可以很好地控制由摄入主食带来的热量，而且不会饿。但事实上，很多人全天都在吃的都是第一类，精细米面，不过如果你想通过跑步减肥，那这一类就不适合你了，建议以后面两类主食为主。

在杂粮中，我尤其推荐燕麦和藜麦。我们非常喜欢在米饭里加入燕麦，因为燕麦纤维能吸收相当于自身重量几倍的水，在肠胃中吸水膨胀并形成高黏度的溶胶或凝胶，易于产生饱腹感，还能提供持续长久的能量，补充跑步运动中的消耗。因为吃燕麦容易有饱腹感，所以我们自然而然地吃得少了，自然有利于减肥。燕麦尤其适合当早餐，做燕麦米或者单独吃都可以，早餐用少量水煮熟燕麦片后倒入牛奶，简单又便捷。另一种要推荐的杂粮是藜麦。藜麦的营养价值超过任何一种传统的粮食作物，其蛋白质含量与牛肉相当。另外藜麦还含有丰富的氨基酸、矿物元素，以及多种人体正常代谢所需要的维生素，对我们的身体非常有好处。

第三类主食是根茎薯类，比如马铃薯、红薯、山药、莲藕、芋头、莲子、南瓜等。我要特别强调一下，以上提到的这些都是主食，都不是蔬菜，可别弄错了；有人把炒马铃薯丝当蔬菜吃，用马铃薯丝就米饭，其实是吃了一肚子主食。

“211 饮食法”蛋白质怎么吃

过去大家都认为，吃得越多，消耗负担越大，瘦得越慢，所以很多人减肥的时候都选择天天吃“草”，每顿饭都只吃蔬菜沙拉，这是完全错误的做法。我想告诉你的是，把蛋白质吃足了，反而能加快燃脂速度，让你瘦的速度越来越快，身体也越来越健康。

为什么会这样？背后的原理就是“食物热效应”，通过进食而引起能量消耗增加。我们都知道一个词叫作“基础代谢”，也就是说你一天就算不动也会消耗一定的能量，这个数值是 1200—2000 大卡。这些消耗中，只有 20% 是肌肉运动产生的。所以，即便你像运动员一样苦练，让全身肌肉增加 20%，增加的基础代谢也不过是 20%×20%=4% 的量。但如果你蛋白质食物吃得足，通过食物热效应能让你多消耗多少能量呢？可以达到基础代谢的 10%，相当于你身体肌肉一半的消耗量。

这样的瘦身不但有效，还能让你摆脱节食时的“忍饥挨饿”，既有饱腹感，同时还在消耗热量，何乐而不为呢？更重要的是，保障蛋白质摄入才能在减肥的同时，守住你的身体健康。所以，为了健康以及更好的运动表现，吃足蛋白质是必不可少的。如果身体缺乏蛋白质，就会出现儿童生长发育迟缓、成人头发稀少干枯易断、抵抗力低下易感冒、肌肉无力易疲劳等问题。这些往往不以疾病的形式出现，很难引起人们重视。但如果不重视，对饮食结构不加以改善，蛋白质会更加缺乏，就会陷入到恶性循环当中。

按照“211 饮食法”摄入蛋白质，只需要记住一句口诀：鱼肉蛋奶豆。这样你的蛋白质摄入就有保障了。现在我具体地聊一下这句口诀的注意事项。

这里的“鱼”包括虾和贝类等海鲜。海鲜是非常优质的蛋白质，它的蛋白质含量高，同时脂肪含量很少。“肉”指的是纯瘦肉，比如瘦牛肉、鸡胸肉、瘦猪肉等。五花肉可不行，脂肪太多，还有你涮火锅吃的肥牛也避免吃太肥的，手切牛肉比较瘦，可以优先考虑。蛋类，可以多吃点蛋清，蛋黄的脂肪含量很高，建议每天不要吃超过两个蛋黄。因为一个鸡蛋黄大概含 5 克脂肪，如果你真的吃多了的话，也代表脂肪超标。所以，我建议每天吃两个全蛋，如果再多吃的话，只吃蛋白就好了。奶制品的蛋白质相对较少，100mL 牛奶只含有 3 克蛋白质，而 100 克牛肉里含有 20 克蛋白质，不过，牛奶作为加餐和每餐的辅助还是一个很好的选择。

还有一种特殊的蛋白质来源，那就是豆类。一般我建议大家优先选含高蛋白的大豆类，比如黄豆、黑豆；而白芸豆、红腰豆之类的食物，因为碳水化合物含量也很高，更应该归为主食类而不是蛋白质类。当然，大豆虽然含高蛋白，但它也含高脂肪。所以，如果通过大豆补充蛋白质，最好减少其他脂肪的摄入量。相比之下，豆腐、豆腐皮就是更好的高蛋白低油脂豆制品。

在摄入蛋白质这件事上，量化是关键。那么，我们每天到底需要吃多少蛋白质才算够呢？

一看总能量：蛋白质一般是占总能量的 15%，身体需要的能量越多，我们需要的蛋白质类食物也越多；二看身体需求：运动强度更高的人，需要更多的蛋白质来帮助肌肉恢复和生长。按照“211 饮食法”，每顿饭一个手掌大的蛋白质就可以了。如果想要更精准的话，人体一天蛋白质摄入量可以用公式具体计算：

＊不运动的人：蛋白质摄入量（以克为单位）=0.8× 体重（kg）；

＊运动的人：蛋白质摄入量（以克为单位）=1.4× 体重（kg）。

每 100g 牛肉中含有 20g 蛋白质，比如你体重 60kg，如果今天不运动，那么需要的蛋白质是 0.8×60=48 克，因为 100g 牛肉有 20g 蛋白质，所以你需要吃至少 200g 牛肉；如果今天运动，那么需要的蛋白质是 1.4×60=84g，你需要吃 400g 牛肉。如果你不知道每个食物里富含多少营养物质，可以在食物背后的营养表里找到对应的数

项目	每100克	营养素参考值%
能量	1280千焦	15%
蛋白质	8.0克	13%
脂肪	30.0克	50%
碳水化合物	2.0克	1%
钠	4毫克	0%

营养成分表

值，或是直接在 App 上找到对应的转换公式。

很多人会问，蛋白质摄入过多会不会出现什么问题？常见问题有两个：一是对胃肠功能的影响，如果摄入蛋白质过量，胃肠消化不了，就会出现胀气、腹泻等问题。二是肝肾负担增加，长此以往甚至会损害肾功能。不过，通常情况下，我们通过摄入优质肉类来补充蛋白质，很少会出现摄入过量的问题。因为当我们吃的蛋白质类食物超过自身的消化能力时，会有“吃不动了”的感觉。同时，如果动物性食物里油脂较多，吃多了也会觉得油腻，就不想继续吃了。在绝大多数人的日常饮食中，问题往往在于蛋白质摄入量不足，而不是过量。

“211 饮食法”蔬菜、水果怎么吃

我们最后说一下蔬菜和水果。从小到大，不管是你家里人，还是所谓的健康专家，都会说到这样一句话：多吃水果蔬菜好。但是这里我想和你详细说说，水果和蔬菜真的可以算同样的营养素吗？当然不是。为什么呢？因为水果里的糖分太多了，一不留神就会让你摄入的糖分超标。

我的一个朋友要减肥，晚上没吃饭，睡觉前太饿了就吃了 6 个橙子，想着都是维生素和膳食纤维，也不会胖。结果第二天哭丧着脸跟我说，体重没有下降，反而上升了。我听完，给他看了一张图表，他一下就恍然大悟了。

100g苹果 约50g米饭	100g橘子 约40g米饭	100g橙子 约40g米饭	100g桃子 约40g米饭	100g香蕉 约100g米饭
一个中等苹果 约100g米饭	一个中等橘子 约60g米饭	一个中等橙子 约80g米饭	一个中等桃子 约70g米饭	一根中等香蕉 约120g米饭

100g西瓜 约20g米饭	100g火龙果 约60g米饭	100g芒果 约30g米饭	100g葡萄 约20g米饭	100g榴莲 约120g米饭
一个中等西瓜 约400g米饭	一个中等火龙果 约250g米饭	一个中等芒果 约100g米饭	一串葡萄 约100g米饭	一瓣榴莲 约100g米饭

水果主食换算表

第一排第三个是橙子和米饭的换算量：100g 橙子约等于 40g 米饭。吃 6 个橙子是什么概念呢？一个小橙子 206g，6 个就是 1236g，按照 100g 橙子约等于 40g 米饭换算，6 个小橙子就相当于 494.4g 米饭。相当于说我朋友在睡觉前吃了约 1 斤米饭，这么吃能不胖吗？

那么每天应该吃多少水果呢？

我的建议是，如果你想跑步减肥，那么在减肥期间尽量少吃或者不吃水果，但要吃足够的蔬菜。如果你是一般的跑者，可以吃少量的水果。但是要记住上面给你的换算表格中的内容，每次吃水果时换算一下相当于吃了多少米饭，吃主食的时候对应减点儿量就可以了。

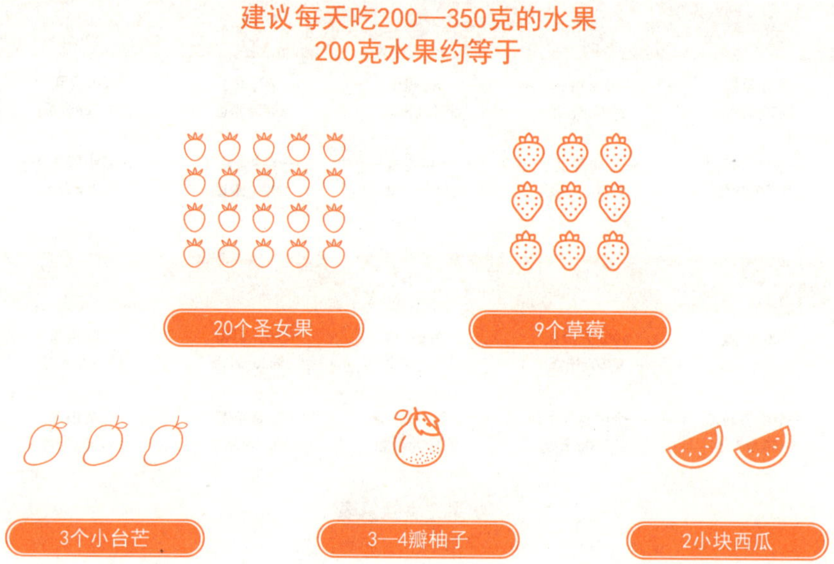

每天吃多少水果

说完了水果，我们要说一说吃蔬菜的好处。主要有两个：1. 蔬菜是最好的维生素来源；2. 吃蔬菜能帮助我们正常排便。

吃足蔬菜第一个好处就是为你补充足量的维生素。其中维生素 C 可以提高你的免疫力，而且还能帮你变美，因为维生素 C 可以帮助你的身体合成胶原蛋白，改善皮肤状态，让你的皮肤更有弹性、更饱满。维生素 C 还有其他一些作用，比如受伤了，它能让伤口更快愈合，最常见的是防止牙龈出血。

吃蔬菜的第二个好处就是帮你解决便秘问题。便秘会带来很多麻烦：

如果你想跑步减肥，便秘会让体重难减；下腹部胀气，看起来很鼓，显胖；还会让人容易烦躁，情绪不稳定。

改善便秘的有效方法其实很简单，就是吃菜，尤其是吃绿叶蔬菜。蔬菜之所以能保证你正常排便，是因为蔬菜里含有膳食纤维。另外，膳食纤维会占据胃部空间，使人容易有饱腹感，防止过度进食，它还是肠道益生菌的食物，能够维持肠道内环境平衡。也许有人会说，豆类和薯类里也有膳食纤维呀，没错，但是按照每种食材最显著的营养素划分，马铃薯和红薯应该算在主食里，可千万不要为了补那点膳食纤维，最后把主食吃超标了。

蔬菜对我们的身体有诸多益处，但并不意味着我们就能不限量地随便吃。某些蔬菜吃得过多会导致肚子胀气，打嗝放屁频繁，甚至是腹泻。

那么吃多少蔬菜合适？首先，尽量吃绿叶蔬菜，因为绿叶菜的平均维生素含量居于各类蔬菜之首。其次，如果你通常一顿吃两拳头的蔬菜就可以，可你非要吃四拳头的蔬菜，这时候可能就没有胃口再吃蛋白质和主食了；这样会造成蛋白质和糖分摄入不足，同样耽误减肥。

我知道有些人觉得吃蔬菜如同嚼蜡，难以下咽，那怎么办呢？建议你买台料理机，把蔬菜打成汁，一般都能喝下去了。

市面上大致有三种料理机：破壁机、榨汁机、搅拌机。这三种机器，最不推荐第二种，它几乎完全没有保留纤维，也损失掉了大量维生素。搅拌机、破壁机也同样会将食物打碎，兑水做成蔬菜汁，一样会损失掉维生素 C，但是没有丢弃膳食纤维。但是破壁机比较贵，在功能和效果一样的前提下，我自然是推荐更实惠的搅拌机。

另外，还可以喝蔬菜汤，会比吃炒菜味道更好一点儿。蔬菜汤里面多放蔬菜，配料可以加豆腐，放少量盐或蚝油即可，又鲜又香，炖烂的蔬菜就可以一起喝下去。

03 跑步前后的饮食诀窍

在“211 饮食法”的基础上，我们跑步期间可以根据自己的训练目标和身体状态进一步调整饮食，利用一些饮食诀窍和技巧，提升跑步训练效果，实现自己的目标。

空腹跑步可以吗

目前很多研究都表明，饭前空腹跑步，有益于脂肪的消耗，并且能提高静息代谢率。一项针对超重者的研究实验表明：对比早餐后散步（脂肪供能 216 千卡），早餐前的空腹散步（脂肪供能 298 千卡）可以提高 33% 左右的脂肪消耗。

为什么脂肪消耗会增加？因为人在空腹运动的状态下，糖原储备较少，当糖原浓度较低，身体会动员脂肪水解产生热量（脂肪酸氧化）。所以脂肪的消耗会增加。为什么热量消耗会增加？因为比起糖原，脂肪供能更低效。所以同等支出的情况下，脂肪供能比糖原供能所消耗的热量要多一些。

但是，请注意，有心脑血管疾病的朋友要少空腹跑步。血浆内高浓度的游离脂肪酸可能会让血小板黏集形成血栓，或者导致心律失常，血脂高或者高血压的人要非常小心。另外，脂肪大量被动员消耗的时候，肝脏生成的酮体增多，过高的酮体会引起酮血症，让身体酸中毒。

所以早晨空腹训练一定要喝水。喝水不仅能促进减脂，还可以避免一些此类损害。另外空腹适合轻松跑和马拉松心率跑，换成间歇跑或是节奏跑就不合适了，因为间歇跑和节奏跑需要更多的碳水化合物支持，不然会严重影响运动表现。

如果是当天有节奏跑或是间歇跑这种强度稍高的训练该如何吃呢？在训练之前少量进食就可以，水果（半个苹果或者一根香蕉）加一把坚果，或者一片全麦吐司面包，配些乳清蛋白粉。为了在训练场上有最好的表现，你的重点应放在碳水化合物的摄入上，并辅以一点蛋白质。

马拉松比赛前如何吃

我们可以参考日本现在最优秀的马拉松运动员大迫杰的方法，他跑前四五个小时会吃蜂蜜蛋糕、香蕉等轻食。比赛前一天会多吃一点儿碳水化合物，其他的不必特别准备。之前有朋友听说跑前一天要多吃碳水化合物，结果吃多了肚子不舒服，跑的时候很难受，越跑越慢。和之前的饮食不要差别太大，否则反而会引起不好的表现。

日常训练后如何进行饮食补充

好的恢复才能保证下一次更好地运动。说到恢复，就要通过吃好来让体能提升。训练结束之后，身体处于分解代谢状态。我们想要它恢复到合成（合成代谢）状态。恢复能量供应会增加血液胰岛素水平，降低血液皮质醇水平，增强免疫系统，恢复肌肉和肝脏糖原，刺激并修复肌肉蛋白质合成。

我们运动的终极目标之一就是获得更为“聪慧”的瘦体重。所以，无论是在休息还是在训练过程中，目标都是燃烧更多的热量。如果训练之后没有立即进食，我们的身体会把原先储备的蛋白质当作能量转化掉，而这些蛋白质本来是可以用来增肌的。与训练期间相比，训练后的营养补充相对容易，这能让我们的身体变得更加强壮、更加健康以及更加高效。训练后如果没有及时进行营养补充，就会错失一个将训练适应性最大化的机会，也有可能无法将潜能发挥到极致。当然，如果你不想即刻饮用碳水 + 蛋白质补充剂，也没有问题，根据你的训练时间进行安排，只需按要求将制订好的餐食或者能量补充调整到训练后的 30 分钟内进行即可。确保在训练后的 30 分钟内（最好是 10 分钟内）补充到碳水化合物和蛋白质。

跑步中如何喝水

除了食物，跑步中的饮水也是要注意的。

跑步时间小于 60 分钟，喝什么水？开水或纯净水

如果跑步时长在 1 小时以内，只喝开水或纯净水就够了，尤其是轻松跑。如果你不喜欢在短时间跑步中途喝水，比如半小时以内的跑步中，完全可以不喝，或是漱漱口吐掉。有项研究将喝水跑者和漱口跑者作了对比，让他们在 20℃的温度下跑 80 分钟。结论是两组人的表现基本相同。

跑步时间在 60—90 分钟，且遇到湿热天气，喝什么？水 + 电解质

在出汗时，你会流失钠等加速吸收水分和延缓疲劳的电解质。天气越热，人出汗越多。马拉松比赛的理想温度是 43 华氏度（约 6.1℃），每升高 6℃，运动员表现就会下降 10%。出汗会刺激眼睛，跑步后的衣服上也会留有白色汗渍。请注意电解质，尤其是钠。注册营养师劳伦·安托努奇建议，在每升水中加入 750 毫克的钠元素。检查运动饮料和能量胶的标签，多数产品的钠含量达不到这个水平，因此你可能需要通过吃电解质片和盐丸，进行额外的补充。

跑步时间在 90—120 分钟，喝什么？水 + 碳水化合物 + 电解质

这时，你需要通过喝运动饮料补充电解质以及易于消化吸收和生成葡萄糖的碳水化合物。如果训练时长达到 150 分钟（2.5 小时），每小时最多补充 60 克碳水化合物；如果跑步时间超过 2.5 小时，每小时补充 60—90 克碳水化合物。

04 减肥吃法测评

节食让人更易胖

节食短期内减重效果不错，但减掉的都是水分。之所以节食可以很快降低体重，是因为人体饿的时候，会首先消耗糖，身体储存 1 克糖需要 3 克水，而储存 1 克脂肪只需要 0.3 克水，储存 1 克蛋白质需要 0.7 克水。身体储存 1 克糖、蛋白质和脂肪需要的水量分别是 3 克、0.7 克和 0.3 克，糖带的水最多，脂肪带的水最少。

也就是说，饿肚子的时候，身体首先消耗储水最多的糖。所以你一开始体重降得很快，减少的不是脂肪而是身体水分，这叫“虚瘦”，随便吃点什么，体重就又升回去了。更可怕的是如果长期节食，为了减少能量消耗，你可能会比从前更容易困倦疲乏，基础代谢率还会变化，身体消耗速度越来越慢。这时候如果你吃跟减肥前一样的食物，饥民一样的身体会更快吸收食物的热量，转化成脂肪储存在身体内，变成“易胖体质”。

生酮饮食不利于健康

生酮饮食是一种高脂肪比例、低碳水化合物、蛋白质和其他营养素合适的饮食法，在医学上被称为极低碳水饮食，一般三种营养素的比重为：碳水 10% 以内，蛋白质 20% 左右，其余吃下去的都是脂肪。

日常我们身体都是会先消耗碳水化合物，而生酮饮食因为摄入的碳水极少，不够日常使用。于是身体就只能开始消耗脂肪，因为脂肪无法被直接利用，需要先被分解成各种酮体，才能为身体提供能量，这是“生酮饮食”的得名原因。

看起来非常理想，但实际效果怎么样呢？短期见效快，但副作用很大。采用生酮饮食后，饥饿时吃碗面的满足、奶茶甜品的快乐、水果的甜蜜全都会离你而去，不仅生活少了乐趣，时间久了还会让人无比渴望主食，于是很容易陷入暴饮暴食状态，既伤害身体，又影响身材，还会伴随口臭、便秘等问题。

另外，每餐摄入适量碳水化合物对我们的健康有重要意义。在涉及 40 多万人的 8 个研究中我们发现，如果碳水化合物在总能量中的比例低于 40% 或者高于 70%，对于普通人群来说，死亡风险相对增加 20% 以上；而碳水化合物的比例为 50% ～ 55% 时，死亡风险是最低的。全世界最长寿的地区，饮食中碳水化合物的比例也都在 50% 左右。所以从长期来看，一直使用生酮饮食是有风险的。

素食和低脂饮食易反弹

如果减肥就是减脂，那么是不是不吃脂肪、不吃肉就能瘦了？所以吃素、低脂饮食等方法也非常流行。但是，这种方法最终效果如何？不好，看到吃素的和尚也有体重超标的情况时，你会更加怀疑这个方法。

素食和低脂饮食最大的矛盾在于吃不饱，肉类和脂肪吃下去，可以提供更持久的饱腹感，如果控制这些食物的量，那么就特别容易饿。再加上饮食结构，很可能导致摄入的碳水化合物超标，最后被身体转化为脂肪。这种饮食方法是非常反人性的，一不小心还会胖，性价比实在是非常低。

“211 饮食法”最科学

最适合减肥的饮食方法，还是我们前面讲过的“211 饮食法”。“211 饮食法”也和跑步一样，符合长期主义的思想，它不会让你一下变得很瘦，但它最容易坚持，效果最稳定、最健康。采用“211 饮食法”，你每餐都能摄入均衡的营养，同时每种营养也不会过量，做到既不饿，又能变瘦。

减肥期间需要注意“211 饮食法”的顺序不能变，要先吃蔬菜，再吃蛋白质，最后吃主食。当晚吃完蔬菜和蛋白质，你可能就不饿了，这样主食就可以少吃点儿。千万不能先用主食填饱肚子，再吃蛋白质，导致没吃蔬菜就饱了，最后你很可能一口蔬菜也没吃。不吃蔬菜很容易便秘，非常影响减重效果。

尾声

跑步是为了实现人生其他目标

到这里，由我带领你完成的跑步认知之旅已经接近尾声，我已经尽我所能把那些被跑步改变的人生故事和对跑步的科学认识完整地交付给你了。很可能，你已经跃跃欲试，迫不及待地下单了新跑鞋和心率表，恨不得立即狂奔出去大跑一回。

接下来的日子里，你将成为自己的终身跑步教练，完成一次又一次因为跑步而带来的蜕变与重生。只要你愿意，自我改变之路就会不断地延续下去。在这条漫长的旅途中，你可能依然会有不想迈开腿的时候，但认真读完这本书的你，已经不同于以往，你多了一个旅途中的伙伴，会不断给你温暖的激励和技术的支持，也请用心回忆跑步时血液流动的畅快，想想跑步时内啡肽和多巴胺带来的幸福感，想想你爱的人，他们也期待看到一个更有活力、更热爱生活的你。

正如我第一次对周航老师说的那样："跑马拉松不是目的，我是想让你拥有一个可以跑马拉松的身体和灵魂。"

相信通过日复一日脚踏实地的积累，你也终将抵达自己渴望的目的地。

附录 1　张展晖教练五个月详细训练计划

第一个月

周期（周数）	星期	训练内容		
第一周	周二	（跑前）动态伸展	（轻松跑4分钟+正常走1分钟）×4	（跑后）静态拉伸
第一周	周四	（跑前）动态伸展	（轻松跑5分钟+正常走1分钟）×4	（跑后）静态拉伸
第一周	周六	（跑前）动态伸展	（轻松跑5分钟+正常走1分钟）×5	（跑后）静态拉伸
第一周	教练的话	第一周关注跑步姿势是不是重力跑，以及心率是否保持在轻松跑的心率区间里。 备注：随着跑起来心率会缓慢升高，2—3分钟会达到轻松跑强度。不要因为心率上升慢而开始跑太快，跑得没力气，那就不是轻松跑了。		
第二周	周二	（跑前）动态伸展	（轻松跑7分钟+正常走1分钟）×3	（跑后）静态拉伸
第二周	周四	（跑前）动态伸展	（轻松跑8分钟+正常走1分钟）×3	（跑后）静态拉伸
第二周	周六	（跑前）动态伸展	（轻松跑9分钟+正常走1分钟）×3	（跑后）静态拉伸
第二周	教练的话	跑步的单次时间在慢慢增加，还是关注姿势和心率。		
第三周	周二	（跑前）动态伸展	（轻松跑11分钟+正常走1分钟）×2	（跑后）静态拉伸
第三周	周四	（跑前）动态伸展	（轻松跑13分钟+正常走1分钟）×2	（跑后）静态拉伸
第三周	周六	（跑前）动态伸展	（轻松跑15分钟+正常走1分钟）×2	（跑后）静态拉伸
第三周	教练的话	第一个月中本周的训练量最高，只要关注点在姿势和心率上，还是能轻松地完成的。 下周是恢复周。		
第四周（减量、恢复）	周二	（跑前）动态伸展	（轻松跑11分钟+正常走1分钟）×2	（跑后）静态拉伸
第四周（减量、恢复）	周四	（跑前）动态伸展	（轻松跑12分钟+正常走1分钟）×2	（跑后）静态拉伸
第四周（减量、恢复）	周六	（跑前）动态伸展	（轻松跑10分钟+正常走1分钟）×3	（跑后）静态拉伸
第四周（减量、恢复）	教练的话	前三周完成得很好，这周会降低运动量，让身体得到恢复。 本周的运动量和上一周的一样，如果跑起来感觉更轻松，是身体进步的表现。		

第二个月

周期（周数）	星期	训练内容		
第一周	周二	（跑前）动态伸展	轻松跑 30 分钟	（跑后）静态拉伸
	周四		轻松跑 20 分钟	
	周六		轻松跑 30 分钟	
	教练的话	本周目标是长时间的连续跑，中间没有走的时间。		
第二周	周二	（跑前）动态伸展	轻松跑 30 分钟	（跑后）静态拉伸
	周四		轻松跑 30 分钟	
	周六		轻松跑 40 分钟	
	教练的话	在关注姿势和心率的基础上，本周开始关注步频，将步频提高到170次/分钟以上，最好是180次/分钟左右。 备注：提高步频主要关注拉起这个动作的速度，拉起的速度越快，脚着地越轻。		
第三周	周二	（跑前）动态伸展	轻松跑 40 分钟	（跑后）静态拉伸
	周四		轻松跑 35 分钟	
	周六		轻松跑 45 分钟	
	教练的话	本月连续跑时间最长的一周，现在已经可以跑很久和很远了。		
第四周（减量、恢复）	周二	（跑前）动态伸展	轻松跑 30 分钟	（跑后）静态拉伸
	周四		轻松跑 35 分钟	
	周六		（200 米最快速度测试）× 2 | 轻松跑 20 分钟	
	教练的话	本月前3周完成得很好，这周会降低运动量，让身体得到恢复。 备注：本周末还有1个200米的时间测试，自己记录下最快速度的时间。		

第三个月

<table>
<tr><th>周期
（周数）</th><th>星期</th><th colspan="5">训练内容</th></tr>
<tr><td rowspan="4">第一周</td><td>周二</td><td rowspan="3">（跑前）动态伸展</td><td>轻松跑10分钟</td><td>（200米间歇跑）×4</td><td>轻松跑10分钟</td><td rowspan="3">（跑后）静态拉伸</td></tr>
<tr><td>周四</td><td>轻松跑10分钟</td><td>（200米间歇跑）×5</td><td>轻松跑10分钟</td></tr>
<tr><td>周六</td><td colspan="3">轻松跑40分钟</td></tr>
<tr><td>教练的话</td><td colspan="5">本月开始提速训练，增加间歇跑训练。
备注：200米跑完，身体恢复后再跑下一个。休息时间可以是1—3分钟。</td></tr>
<tr><td rowspan="4">第二周</td><td>周二</td><td rowspan="3">（跑前）动态伸展</td><td>轻松跑10分钟</td><td>（200米间歇跑）×4</td><td>轻松跑10分钟</td><td rowspan="3">（跑后）静态拉伸</td></tr>
<tr><td>周四</td><td>轻松跑10分钟</td><td>（200米间歇跑）×5</td><td>轻松跑10分钟</td></tr>
<tr><td>周六</td><td colspan="3">轻松跑45分钟</td></tr>
<tr><td>教练的话</td><td colspan="5">本周间歇跑训练强度和上周间歇跑训练强度相同。间歇跑要控制好时间，在轻松的上限完成。同样的时间，如果身体感觉更加轻松，表明身体在进步。</td></tr>
<tr><td rowspan="4">第三周</td><td>周二</td><td rowspan="3">（跑前）动态伸展</td><td>轻松跑10分钟</td><td>（200米间歇跑）×6</td><td>轻松跑5分钟</td><td rowspan="3">（跑后）静态拉伸</td></tr>
<tr><td>周四</td><td>轻松跑10分钟</td><td>（200米间歇跑）×6</td><td>轻松跑5分钟</td></tr>
<tr><td>周六</td><td colspan="3">轻松跑45分钟</td></tr>
<tr><td>教练的话</td><td colspan="5">本月间歇跑训练强度最高的一周，还是要控制时间，让自己在轻松的上限完成。</td></tr>
<tr><td rowspan="4">第四周（减量、恢复）</td><td>周二</td><td rowspan="3">（跑前）动态伸展</td><td>轻松跑10分钟</td><td>（200米间歇跑）×4</td><td>轻松跑10分钟</td><td rowspan="3">（跑后）静态拉伸</td></tr>
<tr><td>周四</td><td>轻松跑10分钟</td><td>（200米最快速度测试）×5</td><td>轻松跑20分钟</td></tr>
<tr><td>周六</td><td>轻松跑10分钟</td><td>（1600米最快速度测试）×1</td><td>轻松跑10分钟</td></tr>
<tr><td>教练的话</td><td colspan="5">本月前3周完成得很好，这周会降低运动量。本周还有两个测试，第一个测试是200米，看自己有没有进步。第二个测试是1600米，为接下来的节奏跑配速做准备。</td></tr>
</table>

第四个月

周期（周数）	星期	训练内容				
第一周	周二	（跑前）动态伸展	轻松跑10分钟	（节奏跑3分钟）×6	轻松跑5分钟	（跑后）静态拉伸
	周四		轻松跑10分钟	（200米间歇跑）×6	轻松跑10分钟	
	周五		轻松跑10分钟	（节奏跑4分钟）×5	轻松跑5分钟	
	周日		轻松跑45分钟			
	教练的话	本周开始节奏跑训练，经过上个月的间歇跑训练，提速会比较轻松。节奏跑主要是看能不能长时间地将速度维持在对应的配速区域。本月的训练强度最大，注意休息和恢复。 备注：节奏跑每组组间休息1—2分钟。				
第二周	周二	（跑前）动态伸展	轻松跑10分钟	（节奏跑4分钟）×5	轻松跑5分钟	（跑后）静态拉伸
	周四		轻松跑10分钟	（200米间歇跑）×6	轻松跑10分钟	
	周五		轻松跑10分钟	（节奏跑4分钟）×5		
	周日		轻松跑45分钟			
	教练的话	本周间歇跑训练强度和上周间歇跑训练强度相同，节奏跑要控制好时间，在轻松的上限完成。同样的时间，如果身体感觉更加轻松，表明身体在进步。备注：节奏跑每组组间休息1—2分钟。				
第三周	周二	（跑前）动态伸展	轻松跑10分钟	（节奏跑5分钟）×4	轻松跑5分钟	（跑后）静态拉伸
	周四		轻松跑10分钟	（200米间歇跑）×6	轻松跑10分钟	
	周五		轻松跑10分钟	（节奏跑5分钟）×4	轻松跑5分钟	
	周日		轻松跑45分钟			
	教练的话	本周是这几个月内训练强度最高的一周，需要安排好休息和恢复时间。下周是休息和恢复周。 备注：节奏跑每组组间休息1—2分钟。				
第四周（减量、恢复）	周二	（跑前）动态伸展	轻松跑10分钟	（节奏跑4分钟）×5	轻松跑5分钟	（跑后）静态拉伸
	周四		轻松跑10分钟	（200米间歇跑）×4	轻松跑10分钟	
	周日		轻松跑50分钟			
	教练的话	本月前3周完成得很好，这周会降低运动量。备注：节奏跑每组组间休息1—2分钟。				

第五个月

周期（周数）	星期	训练内容				
第一周	周二	（跑前）动态伸展	马拉松心率跑40分钟			（跑后）静态拉伸
	周四		轻松跑10分钟	（节奏跑4分钟）×5	轻松跑5分钟	
	周六		马拉松心率跑50分钟			
	教练的话	本周开始马拉松心率跑，把心率控制在马拉松心率区间即可。 备注：节奏跑每组组间休息1—2分钟。				
第二周	周二	（跑前）动态伸展	马拉松心率跑50分钟			（跑后）静态拉伸
	周四		轻松跑10分钟	（节奏跑4分钟）×5	轻松跑5分钟	
	周六		马拉松心率跑60分钟			
	教练的话	马拉松心率跑时间增加。 备注：节奏跑每组组间休息1—2分钟。				
第三周	周二	（跑前）动态伸展	马拉松心率跑40分钟			（跑后）静态拉伸
	周四		轻松跑10分钟	（节奏跑4分钟）×5	轻松跑5分钟	
	周六		马拉松心率跑7千米			
	教练的话	为了准备最后一周的比赛日，本周运动强度开始降低，给身体留出休息时间，让身体更充分地恢复。备注：节奏跑每组组间休息1—2分钟。				
第四周（减量、恢复）	周二	（跑前）动态伸展	马拉松心率跑30分钟			（跑后）静态拉伸
	周四		轻松跑10分钟	（节奏跑3分钟）×5	轻松跑5分钟	
	周六/日		比赛日			
	教练的话	训练强度继续降低，比赛日就会有很好的发挥。 备注：节奏跑每组组间休息1—2分钟。				

附录 2

教练养成记
写给致力于成为跑步教练的你们

我小时候是篮球运动员，也入选到国家青少年篮球队。从选择做健身教练到现在，已经有 12 个年头了。以前，我从来没觉得跑步是一件有意思的事情，反而觉得很枯燥，还有一些难受和痛苦。因为跑步对我而言，更多的是教练惩罚我们的方式。一闻到田径场塑胶的味道，我就会想起累到不行时那种想吐的感受。

直到我自己找到跑步的科学方法后，才找到了和过去完全相反的跑步体验。

发现跑步的乐趣，感受到跑步带来的幸福感以后，我渐渐转型成为一名专业的跑步教练。帮助过成百上千的学员之后，我发现只教给大家技巧和方法是不够的，教练关键的特质，就是激发学员内在动机，帮对方找到并实现他自己真正的运动目标。但是，作为教练必须清楚：改变对方，必须用对方自己的力量。换句话说，教练是无法改变任何人的，而且没有人喜欢被改变。很多人觉得当教练就是为了改变别人，就像魔法一样，本来对方不愿意减肥，教练一来，仿佛施了魔法，对方突然就想要减肥了。事实上，这是不可能的，没有人喜欢被改变。注意，不是大多数人不喜欢被改变，是所有人都不喜欢被改变。

所以对于教练来说，你要懂的不仅是专业知识，更是激发别人去行动的能力。

你应该帮助大家的，不仅是掌握一套方法，更是体会到运动的乐趣，让大家愿意一次又一次地跑起来。

之前有个学员问过我这样的一个问题，他说："展晖教练，我是'80后'，我在之前的行业工作了10年，现在想转行做健身教练，但我担心现在学健身专业来不及，是不是现在转行健身教练希望不大？你觉得我有机会吗？如果你是我，你会怎么办呢？"这个问题的代入感好强，我想了想觉得会有机会，原因是专业是可以后天学习的。最重要的是转变，过去是以健身房、课程安排、运动器械为中心的工作模式，现在，你要从真正意义上以客户为中心，为他们解决问题，发现他们的运动目标，让客户感到自己的变化。在这个过程中，比专业更加重要的是，是否拥有同理心，是否有持续学习的好奇心，是否能够系统敏捷地适应各种不同的运动需求，是否有良好的沟通能力，这些其他的能力，可能比资格证书更重要。

我想举一个我自己的例子，2008年我从首都体育学院运动系毕业，我当健身教练之前是篮球运动员，当时学习和研究的范围并没有聚焦到健身上。那时我对于健身的了解并不多。毕业后，我去了北京柏悦酒店的健身中心工作，我的同事大多都是在北京第一家健身房青鸟健身工作过几年的员工，他们上过上千节私教课。其中有的教练还参加过健美比赛，拿到了很好的名次，身上的肌肉看起来好震撼。而我在他们旁边显得又瘦又高。但是一年以后，我成了这个健身中心课程销售最多的教练，这个成就很特别，甚至有点不可思议。后来我复盘，发现可能我新手的身份反而帮助了我。因为我的同事自己肌肉练得太好了，就会有路径依赖，当那些学员来健身房，他们往往会说，跟我来练，练成我这样。而我又瘦又高，就不会说练成我这样。我会问学员，我能帮你做些什么？你的目标是什么？因为这两句话，我发现很多人并不希望练成满身的肌肉，他们更多的想法是：

我怎么能瘦一些？我怎么通过运动让精神状态更好一些？体检报告中有些指标不好，怎么改善？这些和健美练出好看的肌肉没有关系。当我把学员的需求作为我们一起要解决的问题的时候，我和这些学员成了朋友，然后我就有了付费上课的学员。

还有，说“不知道”也很关键，因为学校和健身培训的知识不能用来回答学员所有的问题，我有一个特点：会直接说我不知道，而不是靠绕圈子、打岔来回避问题。然后我把问题记下来，回家后问学校的老师或者查一些资料，整理好再发邮件或者告诉学员。这样我自己提升很快，学员也很认可。学员不是傻瓜，敷衍的话都能感受出来。

我那时候也学习过销售技巧，我的经理给了我十几张 DVD 盘，里面全是台湾人讲的销售技巧。我看完了心想，应该怎么使用呢？当我看到正在跑步机上跑步的是某知名奢侈品品牌的中国总代理时，我想，我拿现学的销售技巧和他说，估计没什么用。反而还不如说：我能帮你做些什么？你的目标是什么？后来我就成了他的教练。

这些经历也在强化我的认知：教练的职责是什么？不是机械训练员，而应因材施教，系统科学地解决具体问题，然后用爱心为客户服务，没有什么比真诚更重要。

在之前很长一段时间中，我们接触到的都是竞技体育项目的教练，带我们追求的目标是更快、更高、更强，追求的是很直观的成绩提升，现实中每个人的需求都不太一样，比如有些人希望从肥胖恢复到正常，不再被大家当作闲聊的对象；有些人希望提升自己的精力和体能，更从容地应对繁忙的工作。这些不同的需求和传统训练方法并不能完全匹配，虽然有时可以用相同的方法解决，但需要教练跳出竞技项目的视角。

当你真的愿意站在学员这边，为对方的目标去考虑时，情况会完全不同。我并不会考虑怎么样把私教课卖给对方。我会考虑对方的目标是什么，怎么帮助对方更高效、更安全、更省钱、更省力地实现目标。

所以专业重要，但不是最重要的。

我一直持续做教练最重要的原因，不是收入的变化。其实我当教练更多的成就来自学员的改变，变瘦了，变得能跑更远了，变得更健康了，等等。这些都是我巨大的成就感来源，看到学员变得更好，我会特别开心。所以我会希望更多人因为我而改变。刚开始的时候，我同一时间只能帮助一个人。后来上团课，同一时间能帮助十几个人。再后来我做线上训练营，能帮助到成千上万的人。最后我发现课程和图书，能帮到更多的人。这些会给我更大的动力，让我持续努力。

这本书中的内容，浓缩了我 10 年的探索与尝试。我因为这些经验和方法成为被几十万人认可的教练。我希望这些内容能够给你带来帮助，让你既能掌握一套科学的跑步方法，也能找到跑步带来的乐趣，最终帮你跑起来，跑向幸福，跑成你想成为的样子。

致谢

本书的出版和问世离不开各位朋友、家人的支持，同样也离不开很多朋友提供的出色建议。我要特别感谢本书的图书出版团队负责人吴燕恬及她的团队——包括和我一起重新编辑手稿架构、提供视角并帮忙整理书稿的孔叶芸、魏舒、李佳隽。她们对最初的文稿进行润色、修饰，最终呈现到读者面前的是可读、易理解的版本。也要感谢东方出版社的王莉莉，以及陈丽娜、吴俊、党领及发行团队，为本书推向市场作出了极大的贡献。

一直帮助我完成书稿工作的还有王志鹏，感谢他帮我整理和修改最初的文稿，让我写文字时像和朋友对话一样，顺利完成书稿。

本书书名《跑步治愈》来自著名产品人梁宁的提议，感谢梁老师给了我一个讲述跑步的新角度。感谢樊登、何帆、王立铭等给我写序言，让更多人了解到，跑起来其实很简单。

健身这个行业让我有幸遇到了各位老师，徐小平、罗振宇、脱不花、樊登、梁宁、李善友、周航、王耘老师等，让我打开了眼界，重新理解自己在这个行业要做的方向。在运动领域，我要感谢徐国峰、刘爽、迈克·鲍伊尔、迈克尔·约翰逊、罗曼诺夫博士等老师们的培训，他们让我对运动有了新的理解。

最后，感谢所有的读者对于本书的选择和阅读。希望这本书能帮助你发现自己身体的潜能，从平凡到非凡。

图书在版编目（CIP）数据

跑步治愈 / 张展晖 著 . — 北京 ： 东方出版社，2020.9
ISBN 978-7-5207-1634-5

Ⅰ . ①跑… Ⅱ . ①张… Ⅲ . ①跑－健身运动 Ⅳ . ① G822

中国版本图书馆 CIP 数据核字（2020）第 144685 号

跑步治愈
（PAOBU ZHIYU）

作　　者：张展晖
策 划 人：王莉莉
特约策划：梁　宁
出 品 人：天演出版吴燕恬
责任编辑：张　旭
特约编辑：孔叶芸　魏　舒
出　　版：东方出版社
发　　行：人民东方出版传媒有限公司
地　　址：北京市东城区朝内大街 166 号
邮　　编：100010
印　　刷：北京汇瑞嘉合文化发展有限公司
版　　次：2020 年 10 月第 1 版
印　　次：2023 年 3 月第 5 次印刷
印　　数：75001—105000 册
开　　本：700 毫米 ×980 毫米 1/16
印　　张：20.25
字　　数：207 千字
书　　号：ISBN 978-7-5207-1634-5
定　　价：69.80 元
发行电话：（010）85924663　85924644　85924641